PATRIZIA SILBERHEER

PILATES SILBERHEER

Il Metodo "Nuoto senz'Acqua" e
le Tecniche Di Pilates per Riconquistare
il Piacere di Muoversi e Risolvere
Dolori Articolari e Muscolari

Titolo

"PILATES SILBERHEER"

Autore

Patrizia Silberheer

Editore

Bruno Editore

Sito internet

http://www.brunoeditore.it

Tutti i diritti sono riservati a norma di legge. Nessuna parte di questo libro può essere riprodotta con alcun mezzo senza l'autorizzazione scritta dell'Autore e dell'Editore. È espressamente vietato trasmettere ad altri il presente libro, né in formato cartaceo né elettronico, né per denaro né a titolo gratuito. Le strategie riportate in questo libro sono frutto di anni di studi e specializzazioni, quindi non è garantito il raggiungimento dei medesimi risultati di crescita personale o professionale. Il lettore si assume piena responsabilità delle proprie scelte, consapevole dei rischi connessi a qualsiasi forma di esercizio. Il libro ha esclusivamente scopo formativo.

Sommario

Introduzione   pag. 5

Capitolo 1: Come allenarsi da soli e provare piacere   pag. 11

Capitolo 2: Come risolvere il mal di schiena   pag. 33

Capitolo 3: Come rinforzare il centro e l'ombelico   pag. 61

Capitolo 4: Come migliorare la postura   pag. 96

Capitolo 5: Come ottenere ciò che desideriamo   pag. 134

Conclusione   pag. 148

Ringraziamenti   pag. 151

Introduzione

Sai che a qualsiasi età puoi avere un corpo tonico ed elastico allenandoti solo per 10 minuti al giorno? Anche se soffri di mal di schiena, dolori cervicali, problemi legati alle articolazioni e non sai come migliorare il tuo stato, il "nuoto senz'acqua" ti darà gli strumenti per alleviare i dolori senza paura di fare esercizi sbagliati, e lo farà facendoti riscoprire il piacere del movimento, restituendoti la gioia di avere un corpo sano e libero di muoversi.

Devo andare in palestra, devo fare sport, devo prendermi cura di me... quante volte ci siamo ripetuti queste frasi! Ma la pigrizia o gli impegni quotidiani hanno avuto il sopravvento non facendoci ottenere i risultati desiderati. Scoliosi, protrusioni, ernie e fibromialgie aumentano la nostra resistenza e diminuiscono la possibilità di mantenerci in forma. Da diversi anni, ormai, anche i medici affermano sempre di più l'importanza del movimento per risolvere dolori articolari, muscolari e alla colonna vertebrale.

Con questa lettura otterrai gli strumenti necessari per alleviare ed eliminare i dolori che ti impediscono di svolgere le normali attività quotidiane, senza la necessità di essere seguito da un esperto. Imparerai a riattivare il tuo corpo sentendo il piacere di fare movimento, a fare da solo esercizi mirati per poter risanare ogni disturbo fisico e migliorare la qualità della vita, a mettere in atto strategie pratiche per vincere la pigrizia e alzare il tuo stato vitale, a migliorare la postura e a muoverti correttamente nel quotidiano per non avere traumi.

Se sarai costante e ti applicherai con volontà e determinazione, con soli 10 minuti al giorno sentirai cambiare anche il tuo stato emotivo e, di conseguenza, miglioreranno anche le tue relazioni. Aprirai un varco nella comunicazione con te stesso, con la tua vera essenza, percependo più chiaramente le tue emozioni e imparando ad agire e non reagire, a sentire i tuoi veri bisogni, a riconoscerli e a prendertene cura più facilmente.

Ricorda che mente e corpo viaggiano sempre insieme e che i disturbi fisici sono frequentemente correlati alle nostre emozioni. Depressione, malesseri, insoddisfazioni personali ci portano a capire che dobbiamo fare qualcosa per cambiare la nostra vita; in fondo tutti noi sappiamo di esserne i responsabili. Ma come facciamo a cambiare? Da dove iniziare? Ci sono diverse strade ma sicuramente una tra le più potenti è cambiare la nostra fisiologia. Cambiare la postura è un modo concreto e di sicuro impatto per cambiare le tue emozioni e le tue azioni e portarti a vivere ciò che desideri.

Applicando il "nuoto senz'acqua" consoliderai la capacità di alzare il tuo livello di energia in ogni momento della giornata grazie all'esperienza che farai quotidianamente sulla tua pelle. Se sei davvero motivato a ritrovare la libertà di svegliarti al mattino senza i soliti dolori alla schiena, o al collo, che non ti permettono di stare bene, di essere sorridente ed energico, di sollevare tuo figlio liberamente, di camminare senza limiti di tempo o semplicemente di allacciarti le scarpe, qui troverai la risposta. Continuando la lettura e mettendo in pratica gli esercizi, fatti anche da seduti – sì, proprio così, da seduti – potrai risvegliare le endorfine e i sistemi linfatico, sanguigno e nervoso senza affaticare le ginocchia, ristabilendo una postura più equilibrata.

Voglio aiutarti a migliorare la qualità della tua vita, perciò in questo libro ho concentrato più di dieci anni di esperienza, l'essenza di tutto ciò che ho insegnato a più di 3.000 persone. Costatando i risultati ottenuti applicando queste discipline, posso affermare con convinzione che, sperimentando il "nuoto senz'acqua", anche tu, come loro, otterrai dei veri benefici e la tua vita migliorerà! Alcuni mi seguono da ben 8 anni con una frequenza bisettimanale e sono davvero grata per la fiducia e la devozione che ancora dimostrano.

Certo, per ottenere questi risultati saranno indispensabili determinazione e motivazione ma, se davvero hai voglia di sentirti bene e usare il tuo corpo come un veicolo prestante, anziché limitante, ti aiuterò a realizzare il tuo desiderio e potrai cambiare realmente la qualità della tua vita e quella di chi ti sta vicino, qualsiasi età tu abbia, sentendoti finalmente libero di fare ciò che desideri!

All'età di 3 anni, sapevo già che volevo fare la ballerina. Niente di eccezionale, pensava mia madre, in fondo è il desiderio di ogni bambina. Ma per me quel faro non si è spento mai! A Genova, a quei tempi, non esistevano molte scuole di danza, ma la mia volontà fu così ferrea che a 8 anni cominciai con l'unica scuola nei dintorni, imparando il liscio. Mazurca, polka e valzer in fondo erano meglio di niente. Dopo il liceo fui presa in una scuola d'arte a Milano, dove studiai tutti i tipi di danza, facendo quattro ore di treno al giorno per ben due anni per inseguire il mio sogno. A casa le possibilità non erano molte e per fare tutto ciò cominciai a lavorare fin da giovanissima insegnando il liscio. L'insegnamento già faceva parte di me.

Dopo molti anni di duro studio, di gavetta, di tanto sudore e di ricerca del movimento perfetto, riuscii a esaudire il mio sogno e arrivare in TV, dove ho lavorato per dieci anni nei corpi di ballo di Rai e Mediaset. Ciò nonostante, fin dal mio primo contratto, ho avuto sempre in testa di voler realizzare qualcosa per aiutare gli altri; per me era una cosa indispensabile.

Volevo sentirmi utile e così, grazie a mio fratello, che viveva a Miami, seppi di questa disciplina, chiamata Pilates, che lì già sembrava sfondare negli anni in cui in Italia non era ancora molto conosciuta. Non trovai subito la scuola, ci vollero altri due anni, ma non abbandonai l'idea. Da allora ho studiato in diversi paesi e con vari insegnanti, dall'assistente di Joseph Pilates a New York, Romana Kryzanowska, a master trainer a Las Vegas, in Olanda e Spagna, partecipando ogni anno a vari incontri formativi della scuola "True Pilates", conosciuta per essere quella più fedele al metodo dell'inventore. Nel 2012 sono diventata insegnante di Yoga Kundalini e, nel 2014, di Gyrotonic®. Ho anche conseguito il secondo livello di Reiki.

Da quando ero ragazza non ho mai smesso di ricercare, di leggere, studiare per il benessere interiore e fisico. Il "nuoto senz'acqua" è il frutto di tutto quello che ho imparato e sperimentato su di me e sulle persone che ancora oggi mi seguono, l'essenza di ciò che ha reso la mia vita migliore, molto più ricca e felice. Spero di poter migliorare anche la tua!

Capitolo 1:
Come allenarsi da soli e provare piacere

Il mio primo obiettivo è renderti indipendente e costante nell'allenamento; imparerai che muoversi è bello e dà piacere, un enorme piacere, anche se abbiamo perso questo tipo d'approccio. La società evolvendosi ci ha costretto a stare già da piccoli molto tempo fermi, seduti a scuola ore e ore, e a farci sentire inadeguati quando non lo facevamo. Come mai quando siamo bambini ciò che ci rende più felici è correre, sudare, saltare, arrampicarci, ballare e poi, appena siamo un po' più grandi, tutto questo sembra solo affaticarci?

Negli anni, insegnando, ho imparato che le persone che vengono a lezione e mi dicono di essere stanche in realtà sono quelle più bisognose di un allenamento intenso. Fatta eccezione per alcuni casi, la stanchezza viene sentita proprio perché durante la giornata il corpo è stato tenuto troppo fermo, seduto in macchina nel traffico o davanti a una scrivania, e i pensieri hanno preso il sopravvento sulle sensazioni. Dopo la lezione sono i primi a dirmi: «Per fortuna sono venuto, ora mi sento molto meglio». E se ne vanno con un sorriso.

Nel libro troverai diversi esercizi, molto semplici, di cui ci serviremo per ristabilire un equilibrio posturale e ridare tonicità ed elasticità al corpo. Te li mostrerò tutti, in relazione alla problematica che ti dà dolore, quindi per il mal di schiena, dolori cervicali, disturbi legati alle ginocchia e alle spalle, osteoporosi. Potrai esercitarti scegliendo quelli di cui hai più necessità, ossia quelli inerenti alla parte che ti dà dolore o fastidio, iniziando sempre dagli esercizi per il centro, per poi proseguire con quelli del tuo punto debole. Ma serviranno alcune accortezze. In particolare dovrai cercare il più possibile la fluidità dei movimenti: ecco uno dei significati del "nuoto senz'acqua".

Durante l'allenamento, visualizzati circondato d'acqua anziché d'aria, e, se sai nuotare, in un punto dove non tocchi! Questo darà due effetti principali: da una parte la tenuta costante del corpo, l'esecuzione dell'esercizio con più naturalezza e quindi la sensazione di piacere; dall'altra accenderà il tuo salvagente naturale, in modo che, se in quel momento un movimento è troppo impegnativo, o semplicemente non è riconosciuto come abituale, il corpo possa avvisarti in tempo e proteggerti.

Il fisico ci comunica sempre ciò di cui abbiamo bisogno e ciò che ci danneggia, ma nel tempo può capitare di perdere contatto con questa comunicazione, soprattutto se non lo muoviamo da anni. La fluidità dei movimenti sarà un principio chiave. Ti diventerà spontaneo metterla anche nei gesti quotidiani e questo sarà uno degli obiettivi di questa lettura, che diventerà un vero tesoro per evitare traumi o cadute.

Un altro elemento necessario è la precisione: quanto più ripeteremo lo stesso esercizio curandone i particolari, tanto più la nostra postura cambierà velocemente. Per farlo, servirà soltanto osservarsi con attenzione, consapevoli dell'importanza di questo atto, perché la nostra mente a volte ostacolerà qualche cambiamento. Sappiamo bene come mente e corpo siano fortemente correlati – si tratta di un tutt'uno, e lo ricorderemo meglio nelle prossime pagine – e alla mente spesso non piacciono i cambiamenti. Attraverso l'osservazione e la precisione nel farli, la educheremo a non avere troppo potere dando più spazio al corpo e alle sue potenzialità.

Ancora oggi resto incantata nello scoprire il funzionamento degli organi, nel conoscere la perfezione di alcuni meccanismi, ma poi in studio arrivano sempre più persone con problemi limitanti anche nello svolgere le normali azioni quotidiane, e questo, credimi, riguarda anche i più giovani. Perciò mi sono chiesta come mai l'essere umano, così perfetto, presenti spesso disturbi e dolori che gli impediscono di vivere serenamente.

Sono tanti i fattori che causano disfunzioni posturali, asimmetrie e rigidità: ambiente, abitudini, vita troppo sedentaria, cattiva alimentazione, sport estremi fatti dopo anni di fermo, patologie genetiche, tensioni e blocchi dovuti a un'emotività inespressa, controllante e rigida che ci rende anche fisicamente inflessibili.

La soluzione per cambiare tutto questo? Riabituarci al movimento e sapere che esercizi fare! Sappiamo che, cambiando la fisiologia, cambiamo all'istante anche lo stato d'animo: questo è un mezzo potentissimo che possiamo usare tutti. Certo, rispetto all'esercizio fisico, endorfine e buonumore sono benefici ormai riconosciuti ma, ad esempio, se a una persona timida do esercizi per aprire le spalle, cambiando atteggiamento cambierà immediatamente anche lo sguardo, e questo impatterà notevolmente sugli altri influenzando anche le relazioni.

La postura è il nostro primo biglietto da vista, non ci sono parole che arrivano all'inconscio dell'altro in maniera così immediata e veritiera. Il nostro modo di camminare, di stare eretti, la posizione del collo e le posizioni che assumiamo da seduti esprimono in maniera chiara chi siamo.

Il corpo quindi può modificare la mente e i nostri stati d'animo, per cui iniziamo subito! Primo movimento in assoluto da fare a inizio allenamento: accenna a un bel sorriso, anche se sei solo. Prova e capirai subito cosa dico: sorridi e tutto il tuo corpo sorriderà, almeno un po' di più. Ricordi il film *Mangia, prega, ama*? Il guru chiede a Julia Roberts se ancora fa la meditazione facendo sorridere il fegato, l'intestino, il cervello.

Basta pensarci e succede! È così! Prova per un minuto solamente.

Ti sei accorto che stai già meglio e che, se già stavi bene, ora stai ancora meglio? Sono sicura di sì. Inizieremo sempre così perché abitueremo il corpo a sorridere e a farlo con sempre maggiore naturalezza durante la giornata.

Siamo, gli uni con gli altri, tutti specchi; prova a sorridere e vedrai con quanta più facilità le persone ti sorrideranno, senza motivo o con tutti i motivi del mondo, non importa; in questo modo attrarremo più buonumore.

SEGRETO n. 1: immaginati circondato d'acqua anziché d'aria, muoviti fluidamente e accenna un sorriso; la postura è il primo biglietto da visita.

Arriviamo a come provare piacere anziché fatica allenandoci. Ti chiedo di iniziare da subito e sentire tu stesso il piacere di cui ti parlo. Ti chiedo di metterti seduto e di muoverti immaginando di avere i piedi sotto la sabbia e di essere dentro l'acqua. Immagina la tua colonna vertebrale come un'onda e falla oscillare a destra e a sinistra per un po', poi avanti e indietro con il busto, spingendo i piedi più che puoi dentro la sabbia e lasciando andare anche la testa a movimenti fluidi, lenti, morbidi. Visualizza la tua schiena come un foulard che si muove dentro l'acqua. Respira un po' più profondamente e continua per qualche minuto. Ora fermati e, a occhi chiusi, ascolta il corpo, senti la differenza. Forse ti può girare un po' la testa, soprattutto se non ti muovi da tanto tempo, ma continua un altro po' e respira solo dal naso. Fallo qualche minuto, poi inizia a far oscillare le braccia come se dovessi spostare dell'acqua.

Adesso prova a stirarti come fai la mattina – gambe, braccia, busto – e nel frattempo forzati un po' ad aprire la bocca invitando lo sbadiglio. Pensi che questi movimenti siano inutili? Non è così, e il tuo corpo te lo sta dicendo: ascoltalo, la sensazione che ti rimanda ora è diversa rispetto a prima, infatti il sistema linfatico si è già svegliato, i polmoni hanno respirato prendendo più ossigeno e rendendoti più lucido, le tue vertebre, muovendosi, hanno stimolato il sistema nervoso e ghiandolare. Hai gli occhi più spalancati e sei già più energico e reattivo. Sono sicura che ti senti meglio e che puoi iniziare a considerare il movimento un piacere.

Piacere e dolore

Piacere e dolore sono motori molto forti che determinano la nostra esistenza. Scegliamo tutto in base al piacere che ci dà ed evitiamo tutto ciò che ci dà dolore. Il problema è che, a volte, associamo dolore o piacere a qualcosa che non è reale. Ad esempio, il piacere all'alcool, anche se in verità ci fa male, o il dolore a qualcosa che oggettivamente non ci fa male.

Nel fare esercizi di stretching, sentiamo il corpo "tirare" con una sensazione forte a cui non siamo abituati, e pertanto la chiamiamo dolore, ma in realtà ti chiedo: sei sicuro che lo sia? Non è vero che a volte dolore e piacere sono separati da una linea sottile? Oppure, per un esempio più comune, immagina la sensazione che proviamo quando facciamo la pulizia dei denti, quella percezione strana e forte tra le gengive che però dà un senso di piacere. Così me lo ha descritto una cliente.

Sentire il corpo che si riattiva è bello! Dillo a voce alta tutte le volte che sei preso dal divano, sentire ogni parte del corpo è bello, ci rigenera e migliora di gran lunga la qualità della nostra vita.

Da molti anni c'è una persona che viene a fare lezione, a cui i genitori, da piccola, impedivano di fare qualsiasi gioco fisico la portasse ad alterare la temperatura, costringendola a non poter mai saltare, fare capriole e correre. Risultato: da grande sentì l'estrema esigenza di riappropriarsi del suo fisico e non fu semplice farle assumere alcune posizioni. Inizialmente le forti sensazioni di lavoro venivano collegate a una memoria antica che la spaventava; ma con determinazione e costanza le fu semplice raggiungere ciò che desiderava. Oggi si muove con agilità e non ha più timore di faticare anzi, me lo chiede lei perché sa che allenandosi starà meglio.

Le false credenze ci limitano costantemente; personalmente sono cresciuta in una famiglia che mi chiedeva spesso se fossi stanca... be', chiedendomelo così spesso, ho creduto fosse vero che per ogni cosa che facevo potessi stancarmi molto. Solo dopo ho capito che era diventata una credenza e che, come tale, aveva la forza di stancarmi davvero; ma non era reale, avrei potuto spingermi con l'entusiasmo molto più in là. Quando lo capii, spinsi per molti anni, forse a volte anche un po' troppo!

In studio capita spesso che le persone inizino la lezione cercando di distrarmi. Alcuni di loro fanno resistenza e cercano di chiacchierare, si appoggiano al muro, si siedono e poi, magicamente, dopo un'ora di esercizio mi chiedono: già finito? Com'è possibile che la stessa persona che poco prima faceva di tutto per non iniziare alla fine vorrebbe continuare? Endorfina!

Realizziamo quanto stiamo bene e non vorremmo più smettere. Ti racconto questo perché, tutte le volte che proverai e tergiversare prima di iniziare i tuoi dieci minuti, devi iniziarti a muovere all'istante, come vuoi, sei libero di fare quello che ti piace! Alza le braccia, stirati, muovi il collo e le spalle, fai un respiro profondo, gioca. Ascolta musica, balla, convinci la mente a iniziare e il corpo non vorrà più smettere.

Il piacere è uno stato mentale, sentire il corpo che lavora, i muscoli che iniziano a bruciare o che tirano per uno stretching, per un atleta o per un ballerino, sono sensazioni piacevoli di godimento, lo è addirittura anche alzarsi doloranti il mattino dopo. Perché non lo è per tutti? Questione di abitudine e di consapevolezza. L'atleta sa bene che sta facendo bene all'organismo e accoglie le sensazioni che il corpo gli restituisce. Se non siamo abituati a sentire i nostri muscoli, di certo all'inizio avremmo una sensazione di spavento o di giudizio.

SEGRETO n. 2: dolore e piacere hanno un confine molto stretto: ripeti a voce alta "sentire il corpo è bello" almeno tre volte mentre fai i primi esercizi.

Dobbiamo distinguere i dolori buoni da quelli cattivi. Per stare bene e ritrovare una giusta libertà motoria, è necessario che i muscoli richiamino sangue, che tornino a muoversi riconquistando forza ed elasticità e che si rimettano in moto catene muscolari inattive. Per questo dopo l'allenamento possiamo sentire parti del corpo un po' affaticate. E saranno la nostra salvezza, perché ci allevieranno dai dolori dovuti a infiammazioni, immobilità articolare o ipotonia. Invece i dolori "cattivi", quelli che sentiamo di solito, magari a causa di cervicale, ernia o nervo sciatico infiammato, non dobbiamo mai sentirli accentuati durante l'esecuzione degli esercizi.

È una questione davvero importante! Possiamo allenarci in

protezione delle parti dolenti, senza dover mai affaticare le zone critiche. In questo modo daremo un incredibile supporto per contenere l'espulsione di un'ernia, ad esempio, grazie al rinforzo dei muscoli lunghissimi della colonna vertebrale, che andranno a contenerla.

Nelle prossime pagine entreremo davvero nel dettaglio degli esercizi, ma queste sono informazioni generali che, se applicherai, avrai davvero un corpo e una mente nuovi.

SEGRETO n. 3: impara a fare esercizi fisici da solo proteggendo le articolazioni: mentre ti alleni non devi mai sentire i dolori dati da ernie o cervicali.

La doccia interna del mattino
Prendi una sedia e siediti, senza scrivania davanti. Metti la mano a pugno, l'altro braccio teso davanti a te e picchiettati dal polso alla spalla, poi ruota il braccio e continua da su a giù. Cambia braccio e, se senti qualche punto più dolorante, dolcemente e delicatamente insisti un po' di più proprio in quel punto.

Passati le mani sul viso come quando te lo lavi e, con i polpastrelli, continua sulla cute fino alla cima della testa. Fallo 3/4 volte.

Sempre con i pugni, picchietta la pancia in senso orario e poi i reni. Per finire, le cosce, lateralmente, dalle anche fino a poco sopra le ginocchia, dall'alto verso il basso, come a togliere della polvere dalle cosce. Abbracciati e porta in alto le braccia, se puoi, come a sfilarti via una maglietta; fallo con la stessa sensazione di stirarti, poi apri le braccia in alto e falle ricadere – se ti piace, fallo più volte.

Che sensazioni provi ora? Ascolta il tuo corpo e ti accorgerai che è già cambiato rispetto a prima. Ora, sempre stando seduto, disegna degli otto. È facile: prendi un foglio e disegna un otto, poi mettilo a terra in posizione orizzontale e immagina di seguire quel percorso con il busto. Per sentire meglio, concentrati sugli ischi – le ossa sotto il sedere – e fai in modo che la colonna vertebrale si muova come fa il bastone dell'ombrellone quando si infila nella sabbia.

Se si passa molto tempo seduti e non ci si vuole affaticare, è importante sedersi con l'appoggio su queste ossa, perché si assumerà naturalmente una posizione più corretta e si avrà un miglior scarico per la schiena.

Tieni la schiena dritta e disegna ancora l'otto come seguendo quello disegnato sul foglio; prima in un senso poi nell'altro. Come una pianta che si spinge verso la luce, porta ogni vertebra a ergersi verso l'alto; mentre lo fai, spingi sempre i piedi come se volessi farli sprofondare dentro il pavimento, proprio come le radici di un albero. Fermati al centro e ascolta a occhi chiusi il cambiamento di sensazione che provi. Apri gli occhi sbattendo le ciglia e guarda solo con gli occhi in tutte le direzioni della stanza.

Da ultimo, lascia ondeggiare il busto, sempre da seduto, nelle direzioni in cui vuole andare; lascialo andare piano piano, fidati di lui, sempre con movimenti fluidi, portalo avanti e indietro lateralmente e, ruotandolo, fallo davvero ascoltando il piacere che ti dà, senza regole. Immagina di essere un'onda e smuovi affidandoti, butta fuori tutto quello che senti di voler lasciar andare. Accompagna questo momento con una profonda respirazione. Inspira dal naso e lascia andare dalla bocca, come se volessi dire "A". Come se il suono del tuo respiro volesse imitare il suono dell'oceano.

Quando ti sentirai più sicuro, aumenta il ritmo e anche la respirazione si farà più profonda; lascia andare ma, mi raccomando, non soffiare l'aria fuori, evita di mettere la bocca a U. Tutto deve essere fatto senza troppo sforzo, ma senza fermarti. Il risultato si ottiene proprio dal continuo movimento. Fallo con la voglia di sentire il piacere, ricorda sempre la sensazione di stirarsi la mattina e ricerca quel piacere in ogni movimento e in ogni momento. Fai movimenti, non posizioni.

Abbiamo fatto il nostro primo allenamento, apparentemente sembra poco, ma in questo modo abbiamo già risvegliato la circolazione, i sistemi linfatico e ghiandolare, migliorato l'afflusso di sangue al cervello e stimolato le endorfine. E si sente. Ma soprattutto abbiamo cambiato modello di allenamento, scoperto una piacevolezza innata nel muoverci che avevamo dimenticato e richiamato la nostra voglia di continuare. È vero che ora non ti fermeresti più?

Per chi è indicato questo tipo di esercizi? È ottimo per tutti – per chi non si muove da anni e ha perso contatto con il corpo e anche per chi soffre di disturbi cervicali, ernie, protrusioni, scoliosi, fibromialgie muscolari, osteoporosi – perché dà la possibilità di risentire il corpo senza troppi sforzi, apportando sangue laddove non passa più da tempo e, quindi, aiutando le nostre articolazioni e zone muscolari a migliorare il loro funzionamento.

Se non abbiamo una grande esperienza motoria, ci riporta con movimenti primordiali, semplici, naturali a un contatto con il nostro tempio. Sarà incredibile vedere che, anche facendo solo questo ogni mattina, diventeremo più percettivi, aperti alle nostre sensazioni e ai nostri bisogni.

SEGRETO n. 4: risveglia il fisico ogni mattina e fai movimenti, non posizioni, come se fossi un'onda; sentine il piacere come quando la mattina ti stiri.

Il movimento come aiuto per fare scelte migliori
Questa è una società in cui gli stimoli sono tanti e continui, ci sono mille cose da poter fare, abbiamo davanti a una tavolozza

infinita di possibili colori da scegliere. Un'ampia gamma ci mette sicuramente più in difficoltà rispetto a cosa volere. Ma decidere cosa ci piace è quello che facciamo ogni giorno e in ogni istante, e non è sempre semplice come potremmo pensare. Quindi la domanda è: scegliamo in relazione a ciò che ci piace e che vogliamo davvero?

Forse a volte scegliamo in base a quello che già conosciamo, che abbiamo imparato – costumi, moda, buone maniere, cultura, educazione. Basta pensare a come le usanze di un paese cambiano le reazioni rispetto, per esempio, a un funerale: alcuni festeggiano, altri gridano e piangono. Ci condizioniamo a vicenda, e questo è bellissimo, ma l'unica strada per essere felici è rimanere ancorati al proprio io, unico e irripetibile, accettando sempre i cambiamenti e la propria evoluzione. Se non scegliamo, qualcun altro lo farà per noi.

Credo fermamente che la libertà di ogni individuo stia nel fare ed essere ciò che sente, ma il problema è: cosa sentiamo? Le emozioni, le percezioni... siamo stati talmente educati a trattenerle che finiamo per non sapere cosa proviamo e per vivere in uno stato di assopimento o la vita di qualcun altro. Muovere il corpo aumenta le percezioni e lo sentirai sempre più chiaramente. È così che la tua vita cambierà. Perché, entrando in connessione con il nostro corpo, avvertiremo nettamente cosa accade, ad esempio quando mangiamo troppo, e ci sensibilizzeremo maggiormente in modo da proteggerlo con più naturalezza.

Percepiremo meglio quando avremo voglia di soddisfare un nostro desiderio, quando avremo bisogno di muoverci e quando di riposare, sentiremo più velocemente quello di cui abbiamo bisogno, attimo per attimo. Questo guiderà le nostre azioni che, naturalmente, attrarranno alcune esperienze piuttosto che altre. Più saremo padroni del nostro corpo, più questo ci guiderà a trovare il posto giusto nel momento giusto.

Ci hanno insegnato a uniformarci, a reprimere le emozioni "fastidiose": rabbia, ansia, malinconia, tristezza. Come se queste sensazioni fossero solo pericolose, da non provare, come se non portassero mai a niente di buono. Molti di noi corrono immediatamente al riparo mascherandole o distraendosi con il cibo, la TV, il telefono o l'abuso di alcool, pur di allontanare dalla realtà quelle emozioni, perché disabituati a provarle e quindi spaventati da esse.

Ma così ci arriveranno sempre più rincarate perché, in verità, quello che il nostro io ci sta dicendo, attraverso quelle sensazioni sgradevoli, è che qualcosa ha necessità di essere cambiato. In realtà queste emozioni sono la nostra protezione e, se solo avessimo il coraggio di vederle e di ascoltarle, ci darebbero la chiave per migliorare la nostra vita. Nessuno ci può amare più di noi stessi. Certo l'amore per un figlio è natura, mentre l'amore per sé stessi è lavoro; ma è il nostro compito più importante. Affidiamoci a noi stessi. Mantenere un'alta vitalità, un buono stato d'animo, basta a potersi permettere di tenere e accogliere tutte le emozioni che sono lì presenti per guidare la nostra vita.

Perché parlo così tanto di motivazioni e di pensiero? Perché voglio renderti consapevole del fatto che, più muoverai il tuo corpo – a qualsiasi età e con qualsiasi acciacco – ovvero più rimarrai in comunicazione con il corpo e più sentirai le tue emozioni. È come se aprissi dei canali, dei fari che ti indicheranno cosa scegliere, portandoti sulla strada che vuoi, e come vivere con più felicità. Come? Attraverso il movimento, perché lascerai andare le tensioni, le rigidità, i blocchi del fisico e della mente. Pulirai il corpo, come si fa in una casa, portando fuori tutto ciò che reggi sulle spalle, nel fegato, nel petto; pesi presi dal passato, rabbia, delusioni e sfiducia.

Ti voglio raccontare come la paura costante e continua mi è stata utile. Fin da ragazza sono sempre stata inseguita dalla paura di non farcela, di finire su una brutta strada, di non essere all'altezza, di non essere abbastanza brava. Oggi dico grazie a quella paura che mi accompagnava fedelmente ogni giorno e diverse notti, perché non mi ha fatto mai mollare, accontentare, accomodarmi. Guardando indietro, mi rendo conto che se non avessi avuto paura non avrei fatto molte cose e, soprattutto, non con quella tenacia.

Ero una ragazzina cresciuta in un piccolo quartiere di Genova, dove trentacinque anni fa era molto difficile trovare scuole di danza, e ciò nonostante sono riuscita a esaudire il mio sogno arrivando a ballare nei corpi di ballo di Rai e Mediaset per diversi anni. Ho spinto sempre molto per ottenere dei risultati perché avevo bisogno di sentirmi brava, e oggi sono orgogliosa di aiutare le persone a stare bene grazie ai miei approfondimenti e alle conoscenze fatte per sfuggire alla paura di non essere all'altezza. Quindi, grazie paura!

SEGRETO n. 5: attiva il corpo al pari della mente: un contatto diretto con il tuo tempio ti porterà più velocemente dove vuoi, fidandoti di poter sentire tutte le tue emozioni.

RIEPILOGO DEL CAPITOLO 1:

- SEGRETO n. 1: immaginati circondato d'acqua anziché d'aria, muoviti fluidamente e accenna un sorriso; la postura è il primo biglietto da visita.
- SEGRETO n. 2: dolore e piacere hanno un confine molto stretto: ripeti a voce alta "sentire il corpo è bello" almeno tre volte mentre fai i primi esercizi.
- SEGRETO n. 3: impara a fare esercizi fisici da solo proteggendo le articolazioni: mentre ti alleni non devi mai sentire i dolori dati da ernie o cervicali.
- SEGRETO n. 4: risveglia il fisico ogni mattina e fai movimenti, non posizioni, come se fossi un'onda; sentine il piacere come quando la mattina ti stiri.
- SEGRETO n. 5: attiva il corpo al pari della mente: un contatto diretto con il tuo tempio ti porterà più velocemente dove vuoi, fidandoti di poter sentire tutte le tue emozioni.

Capitolo 2:
Come risolvere il mal di schiena

Da poco sono tornata dal seminario di Anthony Robbins, cui hanno partecipato diecimila persone provenienti da 67 paesi. Alla domanda «chi soffre di mal di schiena», la metà dell'auditorium ha alzato la mano. È davvero una delle patologie più frequenti e la zona lombare è la più delicata della colonna vertebrale.

La normale fisiologia implica una curva naturale lordotica. In conseguenza di vita troppo sedentaria, rilassamento dell'addome, forza di gravità, sovraccarichi improvvisi, cattiva alimentazione e sovrappeso, gli spazi intervertebrali tendono a diminuire causando protrusioni, ernie e conseguenti infiammazioni del nervo sciatico. Cosa possiamo fare, in questo caso, per cercare di evitare interventi chirurgici laddove possibile o recuperare la mobilità post-infortunio?

Rinforzare la zona addominale e i muscoli lombari più profondi è di grande efficacia per dare un valido supporto al nostro scheletro. I muscoli agiscono come dei veri e propri contenitori della colonna vertebrale e la aiutano a supportare il peso corporeo. In questo modo, i dolori si allentano e, se si riuscirà a creare una rete muscolare forte, stimolando i muscoli più profondi, quelli vicini alle ossa, riusciremo davvero a ottenerne grandi benefici.

Un giorno venne da me Federico, consigliato dalla mamma, che lamentava forti dolori lombari che gli creavano diversi disagi sul lavoro e nella vita privata. Ogni volta che il figlio voleva giocare con lui, si poteva sedere a terra solo con la schiena appoggiata al muro e questo, per esempio, non gli permetteva di aiutarlo a costruire il suo trenino tanto amato. Poco male, dirai, ma lui ne soffriva molto perché da piccolo amava i trenini e non ne aveva mai avuto uno. Sognava di poter fare con il figlio ciò che lui non aveva potuto fare con il padre.

Gli avevano diagnosticato una protrusione e un'ernia L5/S1, ma non voleva operarsi. Attivando il corpo, stimolando la rete addominale, correggendo la postura e lavorando sull'allungamento delle catene posteriori, già dopo poche lezioni ottenne il risultato richiesto. I dolori erano passati, e finalmente poté giocare con suo figlio come desiderava da tempo.

Fare queste esperienze mi rende sempre più consapevole del fatto che la mia missione è quella di poter dare alle persone la possibilità di stare bene.

SEGRETO n. 1: mantieni una colonna vertebrale giovane, forte e flessibile e rinforza l'addome; se fai un lavoro sedentario, alzati ogni 20 minuti anche solo per fare pochi passi.

Ti è mai capitato di alzarti con un gran mal di testa e capire quanto eri fortunato il giorno prima quando non lo avevi? Ti è mai capitato di avere un infortunio che ti ha limitato nel poter vivere liberamente la quotidianità e ti sei sentito castrato? Molte persone vivono costantemente in stati di sofferenza e questo modifica non poco la qualità della loro vita. Il sistema nervoso, che deve contrastare il senso di dolore, non permette alla persona di aprirsi agli altri e alle emozioni, di sentirsi gioiosa e sorridente, di poter fare nuove conoscenze, nuove esperienze, di poter essere amorevole con i propri cari. E questo è un vero danno. Allora perché sprecare il nostro tempo così prezioso, se non soffriamo di gravi malattie importanti? Dobbiamo scegliere di stare bene e metterci in condizioni di poter dare a noi stessi e agli altri il nostro essere più bello.

Impegnati facendo il primo passo, o meglio il primo esercizio; perché nessuna informazione è valida se non abbiamo dentro di noi l'imperativo di volere e di fare. Accogli il mattino con un bel sorriso; appena apri gli occhi, sorridi e ricorda tutte le cose meravigliose che hai. Sii grato di avere un nuovo giorno a disposizione e ricorda che puoi farne il tuo capolavoro. Guarda il tuo compagno con amore, ringrazialo di essere il testimone costante del tuo cammino. Gioca con i tuoi figli, impara da loro a riscoprire il mondo e a immergerti interamente in ciò che stai facendo, come quando eri bambino. Ascolta un tuo caro amico oltre le parole, così puoi avere energie migliori per le tue passioni, il tuo lavoro, la tua creatività e rendere la tua vita davvero appagante.

Se soffri di mal di schiena, se alzarti dal letto è un problema, se non riesci ad piegarti per lavarti il viso la mattina, se per svolgere la tua giornata hai bisogno di antinfiammatori, dedica tempo a questi esercizi 10 minuti al giorno e cambia da subito il tuo corpo e la tua vita.

SEGRETO n. 2: impegnati a stare bene per godere appieno della vita; fai gli esercizi mirati per alleviare i tuoi dolori 10 minuti al giorno; muovi il tuo corpo se vuoi arricchire te stesso e le tue relazioni.

Esercizi

1) Sdraiati a terra, metti degli asciugamani o, se non hai un tappetino di gomma, un tappeto. Delicatamente, porta una gamba alla volta al petto, fallo spingendo in dentro l'ombelico. Poi, con le mani sulle ginocchia, tirale verso le spalle. Cerca di non alzare il coccige da terra.

Se hai fastidi alle ginocchia, metti le mani sulle cosce per tirare. Tenendo la schiena aderente, respira profondamente. Prendi aria dal naso e tirala fuori dalla bocca, mi raccomando, come detto nel capitolo della respirazione senza soffiare. Quando espiri, tira di più le gambe al petto. Fallo 5/6 volte e probabilmente già sentirai il sollievo.

Questo esercizio lo puoi fare anche la mattina appena sveglio, il letto non è il miglior appoggio ma se vuoi usarlo prima di alzarti lo puoi fare.

2) Sempre da sdraiato, porta i piedi a terra. Se hai mal di schiena, meglio una gamba alla volta. Con un cuscino sotto la testa, cerca di far aderire tutta la schiena. L'obiettivo è di poter stendere le gambe completamente, ma solo se puoi tenere aderente la schiena.

Passa una mano sotto la lombare e verifica tu stesso se stai davvero tenendola giù. È davvero molto importante, anche se, le prime volte, per farlo devi mantenere le gambe piegate. Ora metti le mani sulle costole, subito sotto il petto. Se provi a dare un colpetto di tosse, le senti subito che vanno verso la schiena e verso l'ombelico. Oltre a tenere l'ombelico, tieni anche le costole giù. Ombelico e costole devono ancorarsi tra loro e tenersi in una sorta di bretella.

Inspira dal naso poi, espirando, se non hai dolore al collo, alza testa e spalle. Attacca il mento al petto e poi fai salire anche le spalle. La punta delle scapole deve rimanere a terra e la zona lombare attaccatissima al suolo.

Rimani qualche secondo con la testa su, con gli occhi che guardano la pancia e si concentrano a spingerla in basso e poi, espirando dalla bocca, riporta giù la testa e le spalle.

Le braccia lungo i fianchi, quando sali, si alzano anche loro e ti aiutano a tenerti su spingendo le mani verso i tuoi piedi. Fallo 2/3 volte. Se vuoi puoi mettere le mani sotto le cosce quando sali per aiutare a tirare su le spalle, ma non tirare su tutta la schiena.

Tirala tutta su solo quando ti senti sicuro e in assenza di dolori lombari. L'obiettivo è sentire il lavoro sull'addome e sui muscoli lombari, senza affaticare la colonna. Il bruciore è il sentore giusto, vuol dire che i muscoli stanno richiamando sangue.

3) Sdraiato, gambe un po' piegate, piedi sul pavimento distanziati e disposti all'altezza delle anche. Porta una coscia al petto e, con fluidità, stendila verso il soffitto (a cui sarà perpendicolare). Se non riesci a stenderla, procurati un asciugamano e avvolgi il piede che dovresti tenere a martello; poi, tenendo con le mani l'asciugamano, cerca di stenderla davvero e di tirarla verso il tuo naso.

Se invece riesci a farlo senza l'aiuto dell'asciugamano, tira la gamba con le mani sulla coscia o sul polpaccio. Cerca di non staccare le spalle da terra. Se puoi, stendi anche la gamba sotto, ma non dimenticare la priorità assoluta, cioè quella di tenere attaccata la schiena: è veramente importante! Ora immagina di scrivere con la gamba il tuo nome. Respira liberamente. Ripeti con l'altra gamba. Tenere sempre la schiena aderente al tappeto fa sì che possiamo attivare la muscolatura più profonda, quella che poi ci darà il vero beneficio.

4) *Corkscrew*
Stando sdraiato, pancia in su, porta le gambe al petto, dondola un po' verso destra e verso sinistra, poi spingi in dentro l'ombelico e, con i talloni aderenti tra loro, stendi o quasi le ginocchia e disegna in alto un cerchio, uno in un senso e uno nell'altro, per 6/8 volte. Se non riesci a mantenere la schiena aderente, fai cerchi piccoli.

5) *Front support*
In posizione da quadrupede, ginocchia sotto le anche e mani sotto le spalle, porta la schiena in posizione neutra poi, dolcemente, spingi il coccige verso il naso arrotondando la schiena e infine riportala piatta. Ripeti 10 volte e, se non hai dolore, aumenta l'escursione o fermati poco prima, diminuendo l'escursione del movimento.

6) *Swedish bar*
Prendi una sedia e metti la spalliera verso di te; porta un piede sopra la seduta e usa lo schienale come appoggio per le mani. Appoggia la sedia alla parete, se tende a scivolare. Il piede di terra portalo più indietro rispetto alle anche. Piega la gamba davanti, quella sopra la sedia, lasciando tesa quella di terra; il tallone dovrebbe rimanere giù. La schiena è dritta e cerca di spingere le anche in avanti. Poi stendi la gamba e porta il viso verso il ginocchio, ora la schiena è rotonda. Fallo tre volte, poi cambia gamba. Nel caso in cui non riuscissi subito a stendere il ginocchio, non desistere, ma fai solo del tuo meglio: vedrai che dopo qualche ripetizione sentirai di poter andare oltre.

Più avvertiamo rigidità sulla catena posteriore delle gambe più avremmo problemi alla schiena; non ti preoccupare se senti un gran "tirare" perché facendo movimenti fluidi accompagnati dalla respirazione non farai che un regalo al sistema linfatico e circolatorio, ai muscoli contratti, a tendini e articolazioni e alla schiena. Appena riporterai giù la gamba sentirai subito il beneficio, una bellissima sensazione di leggerezza, che vorrai presto risentire.

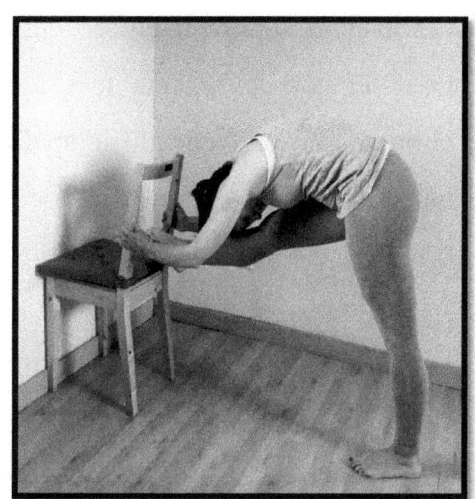 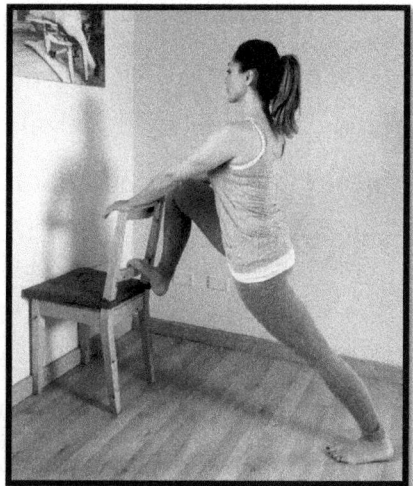

7) *The wall*

Un incredibile esercizio di grande valore per la postura, per i dolori alla cervicale e per quelli lombari. Porta tutta la schiena aderente al muro, lasciando i piedi più avanti in modo da renderlo possibile. Le gambe sono leggermente piegate.

Attivando l'addome e tirando in dentro costole e ombelico (ancoraggio), cerca di portare la schiena a essere piatta, per contrastare le curve fisiologiche, non perché siano sbagliate, ma perché con il tempo tendono ad accentuarsi troppo, e in questo modo possiamo contrastare l'accentuarsi delle curve. Tienila davvero sempre aderente – per farlo devi sentire il lavoro della pancia, la testa può non toccare – e, con le braccia tese alla larghezza delle spalle, alzale e abbassale tese. Tieni giù le spalle mentre lo fai, e inspira dal naso alzandole, poi espira dalla bocca abbassandole.

Adesso fai dei cerchi con le braccia, sempre tenendo le spalle lontane dalle orecchie, prima in un senso poi nell'altro. Respira, ma non permettere alla schiena di staccarsi, soprattutto la zona lombare. Lascia scendere in avanti la testa e le spalle staccandoti dal muro e tenendo attaccata solo la parte lombare. Lascia cadere le braccia a penzoloni e lascia la testa giù, pesante; fai dei piccoli cerchi con le braccia lasciando andare completamente il loro peso, in un senso e nell'altro, 5 volte.

Poi risali vertebra dopo vertebra, riattaccando il dorso al muro e, da ultimo, riportando su la testa. Infine, come terzo esercizio, disponi i piedi all'altezza delle anche e portali più avanti. Meglio se sei scalzo, così eviti di scivolare.

Fai dei passetti in avanti affinché la schiena possa rimanere aderente al muro con facilità, quindi piega le gambe fino a portare le ginocchia ad angolo retto. Resta così qualche secondo e, sempre spingendo l'ombelico verso la colonna vertebrale, risali stendendo le gambe.

Fallo 5/6 volte e, quando sei padrone dell'esercizio, mentre pieghi le gambe, porta in alto anche le braccia tese, per poi rifarle scendere quando le stendi. La schiena dovrà spingersi costantemente verso il muro, sia nella fase di discesa sia, e soprattutto, nella fase di risalita. Se non riesci, per le prime volte piega meno le gambe.

Questo è davvero un esercizio ottimale per cambiare la postura del tuo corpo e risvegliare tutte quelle catene muscolari che non lavorano più a discapito delle altre, andando ad alleggerire il peso che di solito facciamo gravare sulle ossa.

Per finire, riporta i piedi verso il muro cercando di tenere la schiena aderente per il maggior tempo possibile; infine staccati dal muro e cammina percependo questa postura conquistata. I primi passi saranno fatti come un robottino ma, senza perdere la sensazione di tenuta del centro e di allungamento della colonna, continua a camminare fino a riprendere la tua andatura naturale. Qualcosa sarà cambiato, e il corpo lo ricorderà. Se vuoi, per aumentare la difficoltà, puoi tenere in mano due pesi, tipo delle bottiglie d'acqua ma, mi raccomando, non devi alzare le spalle.

Alla fine ti sentirai più eretto, più leggero, più alto! Puoi divertirti a prendere la misura della tua altezza prima e dopo, e vedrai che potresti aver recuperato fino a tre centimetri. Non sono cumulativi, ma di certo grazie a questi esercizi non perderai i comuni centimetri con l'andare del tempo. Ne vale la pena, non credi?

SEGRETO n. 3: dai forza e flessibilità risvegliando più catene muscolari, contrasta la gravità per contrastare la perdita di centimetri nel tempo.

La colonna vertebrale come un'onda

Sapevi che la colonna vertebrale per rimanere giovane deve poter mantenere la sua flessibilità originaria? Più rimane elastica e più sarà in salute. Le patologie che colpiscono questa zona, come ernie e protrusioni, dipendono molto spesso da un irrigidimento che si crea tra una vertebra e l'altra e di tutto l'apparato muscolare che la circonda.

Siamo stati concepiti per arrampicarci sugli alberi, non per stare ore e ore seduti al computer o in auto, e la nostra schiena è la prima a risentirne. Negli anni, gli spazi intervertebrali si riducono anche perché schiacciati dalla forza di gravità, con conseguente uscita dei dischi, o cuscinetti intervertebrali, che causa dolori e fastidi.

Anatomicamente la colonna è a forma di S, vista di profilo possiamo osservare due curve arcuate, lordosi cervicale e lordosi lombare, e due parti convesse che sono la cifosi dorsale e quella sacro-coccigea. Per fare movimenti con il minimo sforzo e poter mantenere la posizione eretta, dobbiamo avere queste curve bilanciate. Per questo motivo, quando una curva si accentua, anche la sua opposta diventa più ampia, proprio per darci stabilità ed equilibrio.

A differenza degli animali, noi siamo la prima specie con curve fisse. Grazie alle fisiologiche curve anatomiche possiamo contenere il cuore e i polmoni e fare in modo che il torace poggi sul poligono d'appoggio, consentendoci di stare in piedi con il minimo sforzo. Permette anche alla donna di avere lo spazio necessario a contenere il feto durante la gravidanza.

I primi esseri vertebrati vivevano in acqua, si muovevano sospinti dalle onde e non avevano una forma ondulata come l'abbiamo oggi. Se la osserviamo, però, possiamo accorgerci di come, distesa, è a forma di onda, ed è ciò che vorrei che immaginassi durante questi esercizi. Se ci concepissimo come un flusso ondeggiante d'acqua, anziché come un bastone, e richiamassimo questa immagine durante la giornata e durante gli esercizi, avremmo schiene più giovani, più forti e flessuose e, soprattutto, più sane. Ogni passo, infatti, genera una piccola onda che si propaga dal basso, dalla pianta del piede, verso l'alto passando attraverso tutta la colonna vertebrale.

Sarebbe davvero bello percepirsi come un ruscello per tutte le parti periferiche del corpo, dove l'impulso a ogni movimento viene dato dalla colonna vertebrale, per poi irradiarsi alle estremità. In questo modo non accumuleremo tensioni inutili.

Le ossa antiche – cranio, colonna vertebrale e costole – dovrebbero garantire la forza per i nostri spostamenti, invece spesso questa parte interna si indebolisce coinvolgendo le estremità – braccia, spalle e gambe – per supportare quello che non riescono più a sostenere.

Fare questi esercizi serve a recuperare quella forza interna che libera le articolazioni periferiche e distribuisce il peso uniformemente. Otto persone su dieci arrivano a lezione, si mettono le mani sulle spalle e mi dicono: «Faccio tutto con queste». Sì, è proprio così, infatti, quindi adesso dobbiamo rinforzare il nostro interno. Ti ricordo che puoi fare questi esercizi anche se soffri di dolori a schiena, collo, ginocchia e anche. Ma – attenzione! – purché utilizzi, come già detto, la fluidità e la respirazione per ogni movimento.

1) Prendi uno sgabello e siediti. Gambe aperte e piedi ben ancorati sul pavimento. Apri bene le dita e spingile a terra come le ventose di un polpo. Ora abbracciati, come a volerti sfilare una maglia, e incrocia le braccia sul busto. Quindi portale in alto fino a stenderle e a finire il movimento aprendole in un grande cerchio. Attenzione però a non portare le braccia dietro alle spalle. Ripeti 3 volte: stai sfilando i tuoi pesi; portali via. Mentre lo fai, spingi i piedi contro il pavimento, in questo modo salirai naturalmente con il corpo, creando così spazio tra gli organi vitali e le vertebre. Ne ricaverai immediato sollievo.

Inspira dal naso abbracciandoti, espira dalla bocca mentre distendi le braccia in alto. Espirando, non soffiare l'aria, non mettere la bocca a U ma ad A. Fallo ancora una volta e apri la bocca, cercando di invogliare lo sbadiglio. Sbadigliando, diamo al nostro corpo la possibilità di prendere maggior ossigeno rapidamente, migliorando la concentrazione anche quando siamo stanchi.

Ebbene sì, lo sbadiglio non vuole dire noia o disattenzione, ma tutt'altro. Se siamo stanchi, e nonostante questo vogliamo avere un grado di attenzione alto, lo sbadiglio ci aiuta notevolmente, aumentando la concentrazione per ciò che stiamo facendo. E, quando arriva, godiamocelo!

2) Spingi i piedi a terra, visualizza la pianta del piede come delle radici che vogliono sprofondare nella terra. Continua a spingere per 3 secondi e vedrai che, naturalmente, si creerà uno spazio nella zona pelvica e lombare. Fallo cinque o sei volte e osserva ogni volta il busto salire sempre più. Se vuoi aumentare questa sensazione, metti le mani incrociate dietro l'occipite (osso grande e sporgente dietro la testa) e, senza spingere in avanti la testa, ma mantenendo una linea continua dal dorso, aiuta la salita spingendo le mani verso l'alto come se volessi sfilartelo via.

Lo ripeto, fai sempre tutto con la massima gentilezza e fluidità, sii amorevole con il tuo corpo e ascolta continuamente le sensazioni che ti rimanda. Non di rado ho visto persone che, mentre si allenavano, vedendo che il proprio corpo non rispondeva ai loro comandi come avrebbero voluto, lo schiaffeggiavano, a volte anche con rabbia, o, peggio ancora, dicendo: «Non ci riuscirò mai». Sappi che questi sono tra i peggiori sgarbi che puoi farti. E sicuramente con questo atteggiamento non otterrai molti risultati.

Essere amorevole, paziente e grato per ciò che già puoi fare, non farà altro che espandere le tue capacità molto più rapidamente.

3) Dondola con il busto a destra e a sinistra, portandolo lateralmente a fare un movimento ondulatorio. Immagina di tenere un bastone dentro l'acqua e di muoverlo facendolo oscillare a destra e a sinistra: focalizzati sul movimento che farebbe l'acqua. Quello è il movimento che ti sto indicando. È molto piacevole e magari in un primo momento non verrà, ma sperimenta, continua a farlo; aiutati immaginando l'acqua e imita esattamente il suo movimento.

4) Porta ora il busto in avanti immaginando di spingere lo sterno verso il soffitto o, meglio, verso il cielo. Poi, arrotondando la schiena, torna in posizione eretta. Immagina di disegnare un cerchio davanti a te, sempre più grande; quando torni indietro, con la schiena a C, immagina di ritirare su le vertebre, una per una, come faresti con la catena di un'ancora, dove l'ancora è la testa e sarà ultima a salire.

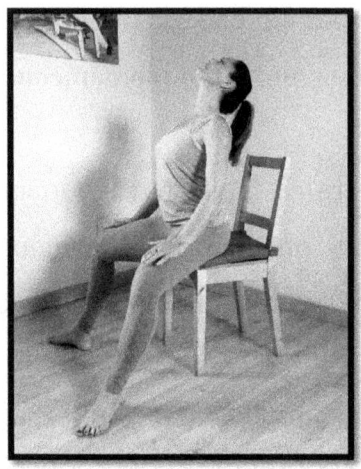 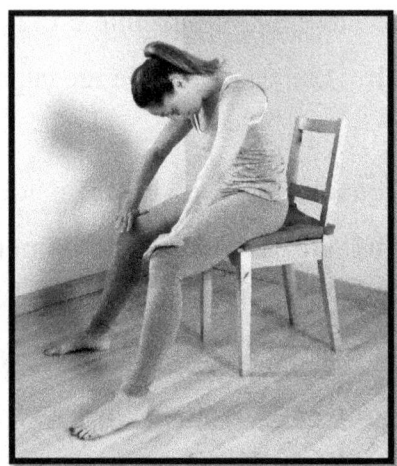

Disegna i cerchi dapprima lentamente poi, quando ti sentirai più sicuro, aumenta il ritmo. Non fermarti, fallo per qualche minuto. Ogni volta che fai il cerchio, butta fuori l'aria. Apri la bocca come se volessi pronunciare la lettera A e immagina proprio di buttare via tutto quello che il corpo trattiene inutilmente. Tensioni, emotive e non, tossine... tutto fuori. Stai pulendo il tuo tempio! Però, ti prego, fallo ora, segui dal punto uno al quattro e impiegherai una decina di minuti. Fallo e sentirai subito un grande beneficio. C'è differenza tra fare e sapere, finché non lo facciamo, non ne trarremo mai i grandi benefici e risultati.

5) Infine, durante le ultime ripetizioni, rallenta il ritmo per poi fermarti dritto, occipite sopra il coccige. Chiudi gli occhi e ascolta cosa è cambiato nel tuo corpo. Riapri gli occhi sbattendo le ciglia e, dopo un bel respiro, che ti verrà quasi automatico, sei pronto per iniziare la tua meravigliosa giornata brioso, energico e in salute più che mai.

Pensi di aver fatto poco? Sì, certo, se fossi una persona abituata ad allenarsi in sala pesi, o facendo chilometri di corsa, sarebbe così. Ma ti dico che questi movimenti, benché si facciano da seduti, attivano la zona pelvica più profonda, la colonna vertebrale, la zona cervicale, le cosce, soprattutto all'interno, e la muscolatura dell'arco plantare. Inoltre, questi movimenti rieducano a ricordare il piacere di allenarsi, di sentire come si sta bene con un corpo in movimento, di aver voglia di ripeterli e farlo anche il giorno dopo.

In questo modo otterremo un morale più alto, che ci porterà con facilità a rimetterci in moto, magari con attività più impegnative, o a rimetterci in piedi dopo mesi di immobilità dovuti a infortuni o alle suddette patologie. So che sei al corrente di quanto faccia bene allenarsi, ma la domanda è: lo fai? Se la risposta è no, con gli allenamenti del "nuoto senz'acqua" lo potrai fare con semplicità e piacere!

Alcune persone fanno fatica a pensare a tutte le azioni da compiere per andare in palestra: uscire, prendere l'auto, parcheggiare, spogliarsi, vestirsi, sudare, fare la doccia, ritornare a casa, parcheggiare di nuovo. Quindi la strategia per iniziare consiste nel rendere l'allenamento facile e veloce, in modo da poterlo fare ovunque, anche a casa, e da potersi mettere immediatamente in azione.

SEGRETO n. 4: libera le articolazioni periferiche ridando forza alle ossa antiche – cranio colonna vertebrale e costole – e distribuisci il peso del corpo uniformemente; inizia ora!

L'azione del muscolo psoas
Lo psoas è un muscolo che collega il femore con il tratto lombare della colonna vertebrale. Fu scoperto da Mabel Todd e da allora è diventato chiaro quanto sia importante la sua azione. Poiché mette in comunicazione diretta i dischi intervertebrali e gli arti inferiori,

si capisce perché movimenti scoordinati delle gambe possano indurre a un cattivo funzionamento di questo muscolo.

Con il suo irrigidimento, dovuto ad esempio allo stare seduti per molto tempo, lo psoas perde la sua lunghezza accentuando la lordosi lombare e facendo inclinare la zona pelvica in avanti. Con l'accorciamento di questo importante flessore dell'anca, iniziamo ad avere dolori lombari e soffrire di stitichezza, mal di testa, dolori allo stomaco per cattiva digestione, a causa anche del fatto che influenza la respirazione.

Gli esercizi per allungare lo psoas:
1) Stando sdraiato, porta le gambe al petto e metti un asciugamano grande arrotolato sotto il bacino, in corrispondenza delle anche (mi raccomando, non dietro la lombare). Poi, tenendo una sola gamba al petto, stendi l'altra verso il soffitto e poi riportala verso il pavimento, tenendola tesa. Ripeti 5/6 volte, poi cambia gamba.

2) Siediti sui talloni (se ti fa male il collo del piede, metti l'asciugamano come protezione). Appoggia le mani a terra dietro di te e solleva il bacino in avanti, portandolo quasi in linea con le

ginocchia. Strizza i glutei per salire e spingi in alto l'osso pubico. Mantieni la posizione per qualche secondo, poi riscendi. Verrà spontaneo lasciar cadere la testa indietro e puoi farlo, qualche volta, se ti senti sicuro, ma non per tutte le ripetizioni. Cerca di mantenere il mento al petto. Inspira, sali, trattieni l'aria, poi espira quando riscendi. Ripeti 10 volte.

3) Seduto sui talloni a pancia sotto, tipo preghiera – chiameremo questa posizione *rest position* – stendi una gamba dietro di te e, mantenendola tesa, spingi le anche verso terra. Rimani in posizione per qualche istante. Se vuoi rendere l'esercizio più intenso, arriccia le dita del piede dietro e spingi in fuori il tallone.

4) *Swedish bar* (vedi esercizi per dolori lombari).

5) Stando in piedi, porta una gamba davanti a te e piegala in modo che il ginocchio stia sopra la caviglia. Metti le mani sulla coscia e tieni l'altra gamba tesa all'indietro, con il tallone alto. Cerca di stare eretto con la schiena, tieni qualche secondo, poi cambia gamba. Cerca di portare il bacino verso terra ma senza mai superare la linea del ginocchio piegato.

6) Quando cammini, cerca di distendere le ginocchia, e di spingere il tallone della gamba che rimane dietro a terra come se lo volessi staccare solo alla fine.

SEGRETO n. 5: fai gli esercizi per allungare lo psoas in modo da ottenere un beneficio immediato per il benessere della lombare; quando cammini, spingi il tallone della gamba dietro, come se non lo volessi staccare da terra.

RIEPILOGO DEL CAPITOLO 2:

- SEGRETO n. 1: mantieni una colonna vertebrale giovane, forte e flessibile e rinforza l'addome; se fai un lavoro sedentario, alzati ogni 20 minuti anche solo per fare pochi passi.
- SEGRETO n. 2: impegnati a stare bene per godere appieno della vita; fai gli esercizi mirati per alleviare i tuoi dolori 10 minuti al giorno; muovi il tuo corpo se vuoi arricchire te stesso e le tue relazioni.
- SEGRETO n. 3: dai forza e flessibilità risvegliando più catene muscolari, contrasta la gravità per contrastare la perdita di centimetri nel tempo.
- SEGRETO n. 4: libera le articolazioni periferiche ridando forza alle ossa antiche – cranio colonna vertebrale e costole – e distribuisci il peso del corpo uniformemente; inizia ora!
- SEGRETO n. 5: fai gli esercizi per allungare lo psoas in modo da ottenere un beneficio immediato per il benessere della lombare, quando cammini, spingi il tallone della gamba dietro, come se non lo volessi staccare da terra.

Capitolo 3:
Come rinforzare il centro e l'ombelico

I muscoli dell'addome sostengono e proteggono gli organi più importanti del corpo. Mantenere questi muscoli tonici e forti è essenziale per il buon funzionamento di fegato e intestino e, di conseguenza, della digestione e dell'evacuazione. È altresì fondamentale mantenere spazio tra gli organi e poter far scivolare i tessuti interni smuovendo muscoli, tendini e articolazioni profonde. Per questo abbiamo bisogno di allenarci imparando a utilizzare opposizioni di forze.

In casi di aderenza che spesso si formano in seguito a interventi chirurgi, possiamo in questo modo aiutare il nostro organismo a migliorare lo scivolamento tra i tessuti poiché, al contrario, potrebbe creare vari problemi, soprattutto post-intervento, tra cui l'infertilità femminile. Come accade per la ragnatela, tenere un punto fermo dall'interno è necessario affinché tutto, come un elastico, si possa distanziare creando spazio, migliorando il sistema linfatico e permettendo al sangue di raggiungere ogni punto, anche il più periferico.

Questo punto è l'ombelico, o meglio, quattro dita sotto di esso. Sentilo ora. Agendo come la punta di un compasso e tenendo il nostro ago fermo, rendendolo sempre più forte, il corpo può espandersi dall'interno in modo da portare ossigeno in ogni parte ed estremità. Rinforzare la nostra casa della forza è indispensabile. Grazie alla sua attivazione, ci aiuterà a cambiare postura. Infatti, la rete addominale e i muscoli del tratto lombare sono le fondamenta, oltre all'appoggio dei piedi, sulle quali poter cambiare e costruire la posizione delle spalle e del collo, evitando con gli anni di scaricare tutto il peso sulle gambe, in particolar modo sulle articolazioni di anche, ginocchia e caviglie, causando traumi e disfunzioni con conseguenti dolori.

Non sono un medico e la mia spiegazione elementare non vuole banalizzare l'anatomia o la terminologia di problematiche fisiche. Voglio solo comunicare, in modo semplice e il più pratico possibile, cosa accade quando ci alleniamo con l'intento di riportare vero benessere al corpo, in modo che il maggior numero di persone possa servirsene rapidamente ricavandone subito efficacia e risultati.

Nel punto sotto l'ombelico, a livello energetico troviamo il secondo chakra. Stimolare questa parte con gli esercizi che descriverò di seguito servirà a aumentare la capacità di provare piacere e a dare una migliore percezione della realtà. L'addome sviluppa la nostra centratura emotiva e riattivare questa zona permette di riprendere contatto con la nostra essenza. Basta dedicare ogni giorno alcuni minuti per mantenere organi sani e colonna vertebrale protetta. Partire da questi esercizi ci garantirà un vero cambiamento.

Chi ha problemi alle ginocchia deve prestare molta attenzione quando si mette nella posizione sdraiata e quando si rialza in piedi. Ci si può aiutare con uno sgabello.

Gli esercizi vitali
1) Sdraiati supino a terra – mettendo un tappetino e un cuscinetto per la testa – e piega le gambe appoggiando i piedi a terra, alla larghezza dei fianchi. Inspira dal naso ed espira dalla bocca; ogni

volta che espiri, porti a far aderire sul pavimento tutta la schiena, dando priorità alla zona lombare, spingendo l'ombelico verso terra. Già con questo semplice esercizio la tua schiena ti ringrazierà.

2) *Hundred*
Sdraiati a pancia in su, le gambe al petto, poi stendile a 45 gradi, mantenendo la schiena a terra. Se non riesci, le prime volte lascia le ginocchia un po' piegate.

Tenendo la testa giù, muovi le braccia lungo i fianchi su e giù – una piccola escursione – mantenendole tese. Inspira dal naso contando fino a 5 ed espira dalla bocca contando fino a 5 (fai cioè durare sia l'inspirazione che l'espirazione 5 secondi).

Quando te la senti, porta in alto la testa e le spalle, come nell'immagine che segue, ma non devi mai sentire dolore al collo; se lo avverti, riporta giù la testa e continua.

3) *Leg circles*

Sempre stando sdraiato, porta una gamba tesa perpendicolare al soffitto, con il tallone in linea con il naso, e l'altra a terra, tesa. Se sei rigido e non riesci a stenderle, piega quella sotto fintanto che riuscirai a stendere quella in alto. La schiena sempre aderente al pavimento e l'ombelico in dentro. Con la gamba in alto disegna dei cerchi: comincia verso la spalla opposta, 5 in un senso, 5 nell'altro. Ogni fine cerchio riporta il tallone in linea con il naso. Il corpo deve stare il più fermo possibile, muovi solo la gamba. Poi passa all'altra. Testa sempre giù.

4) *Single leg stretch*

Porta le gambe al petto, stendine una alla volta a 45 gradi tirando l'altra verso te (con le mani sul ginocchio). Cambia per 10 volte, 5 per gamba. Mantieni il più possibile la schiena a terra e la testa giù. Quando tiri la gamba, fallo piegando i gomiti verso l'esterno.

5) *Double leg stretch*

Sempre con la testa in appoggio o, se riesci, tirandola su mantenendo il mento al petto, stendi contemporaneamente verso il soffitto le gambe (con i talloni uniti) e le braccia. Poi disegna un semicerchio con le braccia, aprendole verso le anche. Infine ripiega le gambe al petto.

In pratica si tratta di una sequenza composta da tre movimenti: inspira stendendo tutto, trattieni l'aria facendo il cerchio ed espira tirando le gambe al petto.

6) *Roll up*

Alza la testa e, aiutandoti con le braccia, sali provando a staccare una vertebra per volta. Le mani possono aiutare usando le gambe per arrampicarsi, a patto che non si pieghino le braccia. Sali fluidamente e fin dove puoi, articolandola.

Rimani così qualche istante e ritorna giù, una vertebra alla volta; questa volta la testa sarà l'ultima a scendere. Ricorda di tenere il mento vicino al petto sia durante la salita, sia durante la discesa. Esegui 6/7 ripetizioni.

7) *Single straight leg*

Porta le gambe al petto – se hai dolori lombari, una alla volta. Senza mai staccare la schiena da terra, stendi una gamba in alto, perpendicolarmente al soffitto, metti le mani sotto la coscia, o il polpaccio, e tirala verso il petto due volte. L'altra tesa a 45 gradi.

Continua alternando ed esegui 10 ripetizioni. Quando ti sentirai pronto, porta su la testa e tieni le spalle staccate dal pavimento per tutta la durata.

8) *Double straight leg*

Se il collo è stanco, esegui i movimenti tenendo la testa giù e le braccia lungo i fianchi, altrimenti porta le mani dietro l'occipite e tieni le gambe tese, o quasi, verso il soffitto. Mantenendo i talloni attaccati, portale lentamente verso il naso, senza staccare l'osso sacro da terra, e poi riportale, contando 1, perpendicolari al soffitto. La zona lombare deve rimanere aderente al pavimento, a costo di muovere poco le gambe. Vedrai che, con un po' di esercizio, potrai aumentare l'escursione. Spingi forte in dentro l'ombelico.

9) *Rolling like a ball*

Stando seduto, piega le gambe e, se riesci, tieniti le caviglie, altrimenti le ginocchia, oppure, se sei sovrappeso o un po' rigido, porta le mani dietro le cosce. Diventa una pallina e lascia lo spazio di un'altra palla da baseball tra la pancia e le cosce. Ora stacca leggermente i piedi da terra e rimani in equilibrio, cercando di spingere l'ombelico al massimo in dentro, in modo da arrotondare la tua bassa schiena. Ti deve tremare la pancia per stare in equilibrio. Stai qualche secondo, poi appoggia di nuovo i piedi. Quando ti senti pronto, prova a rotolare mantenendo la posizione.

Fai attenzione perché in genere si tende a darsi la spinta per rotolare con la testa, invece il mento deve rimanere rigorosamente attaccato al petto, e la forza per rotolare deve partire dall'ombelico. Rotola su e giù, stimolando la colonna vertebrale e tutte le terminazioni nervose. Se non hai il tappetino professionale, che puoi trovare in commercio a 20 euro circa, assicurati di avere un appoggio morbido, magari avendo messo più asciugamani sopra un tappeto.

È veramente importante sentire il corpo che lavora ma non si deve mai sentire dolore. A volte è difficile distinguere il dolore da affaticamento muscolare dal dolore articolare. Sappi che quando senti bruciare, puoi continuare senza paura, perché vuol dire che stai attivando i muscoli e il sangue sta irrorando la parte. Solo questo ti permetterà di costruire la tua cintura di sicurezza.

SEGRETO n. 1: inizia il tuo allenamento quotidiano con gli esercizi per il centro, proteggi i tuoi organi vitali; costruisci la tua cintura di sicurezza.

Forza ed elasticità per non avere età
Ormai si sa, per stare bene abbiamo bisogno di muoverci quotidianamente e imparare a proteggerci nelle attività quotidiane diventando consapevoli del corpo. Dobbiamo sapere come sollevare un peso, un bimbo, la spesa o il cane per non farci male. Facendo una vita troppo sedentaria, alcuni muscoli, soprattutto quelli più profondi e più piccoli, non lavorano e non si attivano mai, a discapito di altri più grandi che si sovraccaricano troppo. Può capitarci di fare un movimento improvviso e di bloccarci.

Non avere una muscolatura bilanciata danneggia le articolazioni, la postura e l'apporto di ossigeno e di sangue alle zone periferiche, aumentando notevolmente la possibilità di infortunio.

Dobbiamo ricordare che i muscoli hanno una memoria e quando non supportano il corpo è perché non entrano in azione da tanto tempo. Al contrario, basta poco per riattivarli.

Con il "nuoto senz'acqua" risvegliarli sarà facile e, quando lo avremo fatto, continueranno a mettersi in moto spontaneamente durante la giornata, alleviando la stanchezza fisica. Se rendiamo i muscoli forti e flessibili, possiamo ottenere le migliori prestazioni sportive, muoverci come un giovane ed evitare traumi.

Alcuni miei clienti all'inizio si meravigliano di non riuscire a chinarsi la mattina per lavarsi il viso, o di muoversi come un robot al risveglio scendendo dal letto. Un signore, anni fa, venne da me, accompagnato dalla moglie, perché non sopportava di non riuscire più ad allacciarsi le scarpe da solo. Voleva riprendere la sua libertà e dover chiedere ogni giorno alla moglie di allacciargliele era diventato troppo umiliante. Non era più giovanissimo, ma in sole 4 sedute riprese a riallacciarsele da solo. Ne vale la pena, no? È stato bellissimo leggere nei suoi occhi la soddisfazione e la felicità di ritornare un po' più giovane e indipendente.

Direi proprio che l'elasticità è sinonimo di giovinezza, anche se non poche volte mi sono trovata a insegnare anche a ragazze giovanissime che non riuscivano a toccarsi i piedi. Sei pronto a scoprire gli esercizi, da fare 10 minuti al giorno, per muoversi con agilità e leggerezza già dopo una settimana?

1) Porta le mani sullo schienale della sedia – o su un tavolo appoggiate fino agli avambracci – e, allontanando le gambe, porta la schiena il più possibile ad angolo retto; fallo tenendo sempre l'ombelico in dentro, soprattutto quando ti senti pronto a spingere di più la schiena nella volontà di portarla parallela al pavimento. Stando nella posizione, piega una gamba alla volta facendo però rimanere i piedi a terra. Poi stendile di nuovo entrambe e, respirando profondamente, cerca di stenderle il più possibile. Stai un minuto, per iniziare, poi potrai portarlo anche a due.

Piegando un po' le ginocchia, riporta su la schiena lentamente e, srotolandola, sali una vertebra per volta, tirandola dall'ombelico; per ultima salirà la testa. Fallo immaginando il capo come l'ancora di una barca e le vertebre come gli anelli della catena che salgono uno a uno. Fai un movimento fluido, come se la tua testa e le tue vertebre uscissero man mano da dentro l'acqua. Se non hai mai fatto questo movimento, inizialmente ti può girare un po' la testa, ma passa subito. Se sei inesperto, fai questi movimenti più lentamente e usa la respirazione.

2) *Spine stretch forward*
Siediti a terra con le gambe divaricate, un po' più aperte delle anche – se sei molto rigido, ancora un po' più aperte, o metti un cuscino sotto i glutei. Tenendo i piedi a martello e le ginocchia che puntano il soffitto, ossia gambe parallele, porta la schiena in avanti, cominciando dalla testa e scendendo vertebra dopo vertebra, sempre tirando dentro l'ombelico.

Se scendi poco, aiutati con un asciugamano che farai passare sotto al piede e tiralo. Fai movimenti dolci e usa la respirazione. Sentire tirare la parte posteriore delle gambe è naturale, perciò accompagna questa sensazione con amorevolezza.

Poi ritorna su, schiena dritta, srotolandola. Per sentire la colonna vertebrale perfettamente in asse, puoi usare una parete e portare tutta la schiena, dal bacino fino alle spalle, ad aderire; la zona lombare, per stare aderente, deve essere spinta dall'addome. La testa può non aderire.

Si tratta di un esercizio molto utile perché grazie al muro possiamo avere un riferimento per andare a sollecitare, in posizioni diverse, la nostra schiena rispetto alle curve fisiologiche che, lo ripeto, non sono errate, ma con gli anni si accentuano troppo.

Se non riesci, puoi piegare un pochino le ginocchia. Quando ti sentirai più sicuro, fallo senza l'aiuto del muro.

3) *The saw*

Seduto a terra con le gambe divaricate, i piedi a martello e la schiena dritta, apri le braccia lateralmente, facendole rimanere un po' più basse delle spalle e poco più avanti. Inspira e ruota il busto verso destra poi, con la mano sinistra, vai a segare con il mignolo della mano quello del piede per 3 volte. Inspira e torna dritto srotolando la schiena. Poi cambia lato. È importante mantenere i glutei sempre a terra; se non riesci, puoi piegare un po' le ginocchia.

4) Mettiti nella posizione del triangolo, ossia con le gambe leggermente divaricate e portando anche le mani a terra, più

avanti rispetto alle spalle, a formare un triangolo con il tuo corpo. Gambe e braccia tese, possibilmente. Conta fino a 20 rimanendo nella posizione e respirando profondamente. Più il corpo si farà sentire, più dovrai mettere enfasi nella respirazione, come se fosse la tua benzina.

Ora, se non hai problemi a caviglie o ginocchia, siediti sui talloni in *rest position*. Questa posizione è di grande conforto per la schiena, perciò utilizzala quando avverti stanchezza o dolori lombari. Porta ora tutte e due le braccia verso destra, in modo che si allunghi il lato sinistro del busto, poi entrambe a sinistra e, infine, ritorna al centro. Sali con la schiena vertebra dopo vertebra e lascia che la testa salga per ultima.

5) *Open leg rocker*

Seduto a terra, gambe piegate con i talloni più vicino possibile al coccige, come per "Rolling like a ball", afferra le caviglie con le mani mantenendole dall'interno. Stendi una gamba verso il soffitto come a disegnare una mezza lettera V, poi l'altra. Se riesci, prova a stenderle contemporaneamente. Il segreto è mantenere tirato il centro e immaginare un movimento a elastico: mentre le gambe si stendono, al tempo stesso l'ombelico spinge in dentro, e quindi all'opposto.

La zona lombare deve potersi arrotondare: cerca il tremore spontaneo della pancia per tenerla rotonda. Se con il tempo ti senti sicuro, puoi provare a rotolare tenendo le gambe distese in alto, a V, a patto che non inarchi la schiena. Ricordati di rotolare su un supporto morbido che ti possa proteggere dal pavimento troppo duro.

SEGRETO n. 2: se rendiamo i muscoli forti e flessibili possiamo ottenere le migliori prestazioni sportive, muoverci come un giovane o evitare traumi.

Come usare la respirazione per migliorare lo stato vitale

Ci sono molti modi di usare la respirazione durante un'attività fisica, in ogni disciplina e in ogni tipo di sport si può modulare in base alle esigenze specifiche. Nello yoga vengono chiamati *pranayama*. Possiamo usarlo anche come meditazione e in momenti della giornata in cui sentiamo di voler far spazio nella mente affollata di pensieri e avere il tempo e il modo di comunicare intimamente con noi stessi.

Ci sono moltissimi *pranayama*, ma quelli che ho scelto di

insegnarti servono ad aumentare la temperatura, a ristabilire la centratura mentale ed emotiva e a riequilibrare gli emisferi femminile e maschile.

Provandoli si può davvero sentirne il beneficio immediato. La *respirazione di fuoco*, ad esempio, serve per aumentare il metabolismo, riattivare la forza da usare per depurarci, quando ci sentiamo molto stanchi, e per riattivare il metabolismo aumentando la temperatura del corpo. È una respirazione potente e puoi cominciare facendola solo per un minuto per poi aumentare, se vuoi, fino a 3 e poi a 5.

Si pompa in dentro l'ombelico ripetutamente, come se si dessero dei colpetti nel punto quattro dita sotto l'ombelico. Facendolo non devi controllare la respirazione, ma lasciarla libera, cosicché noterai che, ogni volta che pompi in dentro l'ombelico, l'aria uscirà naturalmente dal naso. Tieni le labbra chiuse e non ti occupare di inspirare: il corpo lo farà spontaneamente da solo.

La *respirazione a narici alternate* serve per riequilibrare la parte razionale e quella emotiva. Quando ci sentiamo persi, disorientati, indecisi, combattuti tra una scelta o l'altra, questa respirazione ci dà subito una percezione più chiara della realtà.

Tenendo la mano a paletta, con le dita rivolte verso l'alto, si tappa la narice sinistra con il mignolo e si inspira dalla destra, poi si gira la mano e, tappando la narice destra con il pollice, si espira dalla narice sinistra. La mano va sempre tenuta con le dita verso l'alto. Possiamo metterci in posizione yogica con le gambe incrociate, se siamo comodi, ma anche su una sedia.

L'importante è che la schiena sia tenuta più dritta possibile. Se non riesci, puoi anche poggiarla al muro. Prova subito, divertiti a notare come cambieranno i pensieri e goditi la sensazione di vedere più lucidamente, come se fosse tutto più limpido.

La *respirazione lenta, lunga e profonda* è quella più usata nel Kundalini yoga. Inizia da questa se sai di non avere una buona respirazione. Permette di espandere la gabbia toracica e riattivare il sistema circolatorio, ghiandolare, linfatico, nervoso ed energetico. Si fa inspirando dal naso in modo lungo, lento e profondo. Le prime volte sentirai di poter prendere poca aria perché non sei più abituato a usare l'intera capacità polmonare e quindi a potare l'aria fino alla pancia. Praticandola, dopo qualche volta sentirai già di poter prendere sempre più ossigeno. Quando inspiri, spingi la punta della lingua sul palato e non avere fretta, prenditi il tempo di poter riempire il tuo ventre d'aria, poi il petto, fino alle clavicole. Poi, sempre dal naso, lascia andare l'aria.

È incredibile notare che, quando pratichiamo per un po' di tempo questa respirazione, sentiamo che ci accompagna spontaneamente nella vita di tutti i giorni, rendendoci più lucidi, calmi e presenti. Ci aiuta a non reagire alle provocazioni, ma ad agire quando necessario. Che ne dici? Niente male, vero?

Nella mia esperienza da insegnante, ho incontrato molte persone che non sanno respirare profondamente, a volte per problemi fisici (setto nasale deviato, polipi), ma spesso per stati ansiosi ed emotivi. Se ti senti spesso agitato, con mille pensieri, e vivi continuamente in uno stato di ansia, è davvero molto probabile che la tua respirazione si fermi sul petto e che arrivi alla pancia forse solo quando dormi. In questo caso, con tre minuti al giorno di respiro lento, lungo e profondo, riuscirai a portare ossigeno, utilizzando interamente il diaframma e facendo arrivare l'aria al ventre, calmando inevitabilmente il tuo stato emotivo.

Quando prendi l'aria, metti le mani sulla pancia e senti di poterla riempire come un palloncino, sentila aumentare di volume, poi lascia che il corpo si rilassi nell'espirazione. Fallo ora, anche solo per tre volte, e sentiti! Se ti impegnerai a farlo per tre minuti al giorno soltanto, in breve ti ritroverai a usarla sempre più spesso, anche mentre vedi la TV, guidi o fai la spesa: il corpo la richiederà da solo. Fallo e vedrai tu stesso! A volte solo un sorriso in più cambia le sorti di un incontro o di una situazione. Se vuoi qualcosa di nuovo nella tua vita, fai qualcosa di diverso. Se vuoi approfondire respirazione e meditazione ti consiglio la lettura di Sadhana Sing "Aradhana"

SEGRETO n. 3: impara a respirare meglio per assaporare lo stare nel qui e ora, che rende più calmi e sicuri e porta a non reagire ma ad agire, migliorando davvero la qualità della vita.

Anche se apporterai solo questa nuova abitudine, inizierai a migliorare la tua concentrazione, il tuo umore, lo stato d'animo, la percezione di te e degli altri, e ne trarrai risultati incredibili. Quando respiriamo correttamente, in termini fisici, permettiamo al diaframma di espandersi come un ventaglio e di contribuire a creare una buona postura. Talvolta basta questa per risolvere dolori cervicali e lombari.

La respirazione corretta ci aiuta a vivere nel qui e ora, a sentirci veramente svegli e vivi e a godere di ogni attimo, che sia una passeggiata, cucinare e perfino stare in coda. A questo proposito, voglio raccontarti come sono riuscita a tollerare il traffico romano. Per lavoro ho passato, per 12 anni, una media di tre ore al giorno in auto, e ti garantisco che non è stato semplice. Dapprima ho cercato di utilizzare quel tempo imparando le strade e osservando le meraviglie di Roma, ma si sa, una volta viste e riviste, per quanto sublimi, la mente ha bisogno d'altro.

Sono una donna e sono abituata, come si dice, a fare più cose insieme e magari a non sarò un'ottima autista, ma non ho mai fatto incidenti. Grazie al respiro in auto, ho scoperto uno dei metodi più piacevoli e benefici per alleviare le contratture. Durante le lunghe code, iniziai a provare l'automassaggio.

Durante le continue soste premevo le dita nelle inserzioni del collo e sentivo, all'istante, le tensioni alleviarsi. Oppure massaggiavo il viso, o la pancia. Arrivavo a casa come nuova.

Se ci osservassimo attentamente, noteremmo che a volte sembriamo degli automi, facciamo le stesse cose ogni giorno e viviamo assopiti. Mi chiedo come potremmo provare piacere e divertimento in questo stato. Possiamo vivere con più divertimento ed entusiasmo, e con maggior salute, solo migliorando la respirazione. Potremmo avere fantastiche intuizioni e, da un grado di attenzione e di "svegliezza" maggiore, potremmo vedere occasioni, conoscere persone, avere continue nuove intuizioni. Possiamo vivere una vita piena di stimoli, spendere il nostro tempo godendo nel riscoprire passioni dimenticate, vederle riaccendersi e avere il coraggio di fare il primo passo per intraprenderle.

Per vivere una vita meravigliosa, a volte basta sacrificare la noia. Se ci impegniamo a respirare meglio come ho indicato sopra, dedicando 3 minuti al giorno, magari per un paio di volte al giorno, ne avvertiremo così tanto beneficio che facilmente diventerà un'abitudine. Durante l'allenamento la respirazione è davvero una guida insostituibile; se usata correttamente, permette di ossigenare ogni cellula del corpo, rendendo più vitali, più energici e più sani.

Durante gli esercizi, l'ossigeno che entra, crea dei veri e propri cuscinetti, come delle camere d'aria tra le vertebre e le articolazioni, che ci proteggono e che ampliano l'efficacia degli esercizi stessi. Durante quelli che farai seguendo questo libro, la respirazione che verrà maggiormente usata è: inspirare dal naso ed espirare dalla bocca. Normalmente, se non viene specificato in altro modo, prendi l'aria dal naso energicamente, come se prendessi dell'acqua, trattieni durante lo sforzo e poi lascia andare fuori dalla bocca ma, mi raccomando, senza soffiare. Se soffi fuori l'aria – di solito avviene mettendo la bocca a forma di U – farai fare un lavoro inutile ai polmoni, potresti andare in iperventilazione e provare dei giramenti di testa. Espira dalla bocca con la lettera A, senza forzare.

SEGRETO n. 4: dedica 3 minuti al giorno alla respirazione lenta, lunga e profonda e mantieni un elevato grado di

"svegliezza": vivere nel qui e ora arricchirà la tua vita di stimoli, passioni e intuizioni.

Cosa fare per prevenire e aiutare l'osteoporosi

Molte delle donne che vengono nel mio studio soffrono di osteoporosi, perciò ho deciso di dedicare qualche riga e qualche esercizio a questo disturbo, che non è di poco conto. Succede che, con il tempo, possiamo perdere la normale struttura ossea, vuoi per ereditarietà, vuoi per cattiva alimentazione e poco movimento. L'osteoporosi in genere colpisce le donne over 50 in concomitanza con la menopausa. Può portare a facili fratture perché la massa ossea, nel tempo, si assottiglia. Infatti le cellule, non trovando abbastanza apporto di calcio nel sangue, lo vanno a prendere dalle ossa, logorandone le caratteristiche. Una corretta alimentazione può aiutare a ridurre e a prevenire questo disturbo, ma l'esercizio fisico può davvero ridare forza e massa ossea.

Le ossa sono collegate ai muscoli, tutto il nostro scheletro è correlato ai muscoli; rinforzarli equivale a rinforzare anche la struttura ossea. Quindi, dorsali forti vogliono dire colonna vertebrale forte. Possiamo ottenere grandi benefici, soprattutto con attività aerobiche che contribuiscono a un maggior afflusso di sangue, che riesca a portare ossigeno alle ossa. Non tutti però possono danzare, correre, sollevare pesi, fare le scale o saltare, specie se l'osteoporosi è conclamata.

Utilizzare ginnastiche posturali diventa l'unica via. Sempre più medici sanno quanto sia efficace il metodo Pilates e le ginnastiche posturali come Gyrotonic® e li consigliano sempre più. Gli esercizi che descriverò vanno a coinvolgere più fasce muscolari richiamando più sangue che, a sua volta, nutre dall'interno le ossa rendendole elastiche e resistenti. I risultati, in termini di postura ed elasticità muscolare, sono subito evidenti. Una costante attività fisica, aerobica o posturale, fa recuperare fino al 10 per cento di massa ossea, perché riesce a lavorare sui basilari principi d'incremento.

La stimolazione dell'equilibrio diventa fondamentale per chi soffre di osteoporosi. Essendo le ossa in pericolo di frattura anche a seguito di piccoli traumi, evitare le cadute è di vitale importanza. Se abbiamo una nonna, o una persona anziana vicina, sappiamo bene quanto può diventare più rischioso cadere con l'avanzare dell'età, perché si perdono alcune percezioni, la forza del centro e di conseguenza l'equilibrio viene meno.

Gli esercizi di Pilates che descriverò aumentano notevolmente l'equilibrio e danno una maggiore velocità dei tempi di reazione, ad esempio per far intervenire rapidamente le mani quando cadiamo o per accorciare i tempi di reazione da una storta.

SEGRETO n. 5: una costante attività fisica aerobica o posturale fa recuperare fino al 10 per cento di massa ossea, perché riesce a lavorare sui basilari principi d'incremento.

Esercizi per l'osteoporosi
1) *Hundred* (v. sopra)
Questo è un esercizio di riscaldamento che aumenta la resistenza e la circolazione, migliora la respirazione e attiva il centro. Fai anche gli altri esercizi elencati per l'ombelico. Mi raccomando, con il sorriso!

2) *Running*
Porta il corpo con il fronte verso terra, come per le flessioni, con

le braccia distese. Porta una gamba piegata verso te e l'altra lasciala tesa dietro. Cambia alternando le gambe, come se facessi una corsetta. Non fare troppi balzi, tieni forte il centro. Esegui due serie da 10.

3) *Fan*

Sdraiati tenendo le gambe al petto. Ancorando la schiena a terra, stendi del tutto, o quasi, le gambe in alto e, mantenendole a 90 gradi, aprile e chiudile come un ventaglio, con i piedi a martello. Ogni volta che le unisci, prova a toccare i talloni in modo che siano in linea con il tuo naso. Tieni le gambe parallele, con le rotule che guardano verso te e, se non hai problemi alle anche o alle ginocchia, prova anche ruotando leggermente le gambe in fuori. Sii energico, come se facessi un applauso. Fai 10 ripetizioni per 2 volte: inspira, apri le gambe, espira, chiudi. Se senti l'interno coscia e l'addome lavorare, stai facendo bene!

4) *Leg pull up*
Mettiti nella posizione delle flessioni, mani sotto le spalle, tieni il centro, con i glutei contratti, e solleva una gamba portandola all'altezza dell'anca. Con il piede in appoggio, muovi la caviglia spingendo il tallone indietro e in avanti 3 volte, poi piega la gamba sospesa fino a sfiorare il petto e stendila per 3 volte. Poi cambia gamba. Per finire, siediti sui talloni nella *rest position*.

5) *Leg pull back*
Siediti a terra con le gambe distese e unite, metti un cuscino, o un

asciugamano arrotolato sotto i talloni. Porta le mani in appoggio dietro di te con le dita rivolte verso l'interno e, distendendo le braccia, porta su il bacino strizzando i glutei. Mantieni il mento al petto e alza una gamba alla volta. Alternale per 6 volte. Ricordati di respirare.

6) *Push up*
Se sei un uomo, fai 5 flessioni con le braccia e ripeti 3 volte. Se invece sei una donna, e vuoi qualcosa di più facile, falle in piedi mettendo le mani appoggiate al muro e i piedi più indietro delle anche. Tenendo il corpo compatto, piega stendendo i gomiti in dentro. Stesso numero di ripetizioni. Cerca di isolare bene le braccia dalle spalle (spesso vedo fare le flessioni coinvolgendo la mobilità scapolare). Tieni ferme le spalle e le scapole e muovi solo le braccia.

Anche se troverai la scusa per non avere 10 minuti al giorno da dedicare a questi esercizi, durante la giornata ci sono vari momenti adatti a fare del bene al nostro corpo: appena puoi, usa le scale, evita l'ascensore e le scale mobili, cammina in mezzo al verde, vai a ballare, muoviti ogni volta che puoi e più che puoi.

Vorrei poi ricordarti qualche fattore per curare l'alimentazione e prevenire o aiutare i disturbi legati alle ossa. Il sale, utile per la nostra salute, consumato in quantità elevate diventa davvero dannoso per la protezione delle ossa, soprattutto se non diamo gli apporti necessari di potassio e di calcio. Lo zucchero tende a far consumare il calcio attraverso l'urina, sarebbe bene sostituirlo con lo sciroppo d'acero o di agave.

L'assunzione di tè e caffè fa perdere magnesio, sodio e cloro. Un caffè o un tè al giorno può essere la misura tollerabile, ricordando la caffeina presente anche nella coca cola. Attenzione anche ad alcuni fosfati derivanti da carne, insaccati, certi formaggi e bibite gassate. E, come sappiamo bene, alcool e tabacco deteriorano gravemente i nostri tessuti.

RIEPILOGO DEL CAPITOLO 3:

- SEGRETO n. 1: inizia il tuo allenamento quotidiano con gli esercizi per il centro, proteggi i tuoi organi vitali; costruisci la tua cintura di sicurezza.
- SEGRETO n. 2: se rendiamo i muscoli forti e flessibili possiamo ottenere le migliori prestazioni sportive, muoverci come un giovane o evitare traumi.
- SEGRETO n. 3: impara a respirare meglio per assaporare lo stare nel qui e ora, che rende più calmi e sicuri e porta a non reagire ma ad agire, migliorando davvero la qualità della vita.
- SEGRETO n. 4: dedica 3 minuti al giorno alla respirazione lenta, lunga e profonda e mantieni un elevato grado di "svegliezza": vivere nel qui e ora arricchirà la tua vita di stimoli, passioni e intuizioni.
- SEGRETO n. 5: una costante attività fisica aerobica o posturale fa recuperare fino al 10 per cento di massa ossea, perché riesce a lavorare sui basilari principi d'incremento.

Capitolo 4:
Come migliorare la postura

Per definizione, la postura è la posizione del corpo nello spazio che garantisce il minor dispendio di energie possibile per rimanere in piedi. Questo perché in origine ci garantiva una sopravvivenza più longeva e la possibilità di muoverci con un apporto calorico minore. Siamo stati concepiti per arrampicarci sugli alberi, per cacciare, ma la vita che facciamo oggi è molto diversa e passiamo la maggior parte del tempo stando seduti e dentro a delle scatole.

Ci svegliamo dentro la scatola di casa, ci infiliamo in auto, raggiungiamo la scatola dell'ufficio per lavorare al PC e tenere in mano tutto il giorno un'altra scatola, lo smartphone, fino a diventare anche noi delle scatole.

Questo ci crea non pochi disagi, perché il nostro corpo per stare bene ha bisogno di muoversi. Si pensi a cosa succede al motore, agli ammortizzatori, alle gomme di un'automobile, se per qualche mese la lasciamo ferma.

Senza movimento non possiamo avere un corpo sano e, di conseguenza, una mente sana e veloce che ci permetta di dare il massimo, di essere vitali ed energici nel realizzare quello che desideriamo. Mente e corpo è tutt'uno, è risaputo, e non se ne può più parlare come due fonti distinte. L'una influenza l'altra, rendendoci esseri con un potenziale spaventoso, ma spesso inutilizzato, assopito, atrofizzato.

Tutti noi alla richiesta «stai più dritto» possiamo cambiare all'istante la nostra posizione fisica e migliorarla, ma il problema è che, se non la costruiamo muscolarmente, non possiamo tenerla per più di qualche secondo. La postura è una posizione nello spazio in cui il corpo sta comodo e si muove con minore sforzo e maggiore sciolezza. In molti mi chiedono come sono arrivati ad avere una cattiva postura e da cosa possa dipendere. Certamente può essere causata anche da fattori genetici ed emotivi, o sociali – pensa alle posizioni che assumono i giovani per tendenza e moda. Per capire dove ha origine la postura, bisognerebbe poter consultare uno staff di medici, dal dentista all'oculista, all'otorinolaringoiatra, al podologo e così via.

Capire la causa è sempre utile, ma non indispensabile, a meno che non derivi da disturbi legati agli apparati uditivo, vestibolo-mandibolare e oculare. In questi casi sarà necessario ricorrere a uno specialista. Per esempio, se un occhio vede meglio dell'altro tenderemo spontaneamente a ruotare la testa portandolo in avanti con conseguenti rotazioni e squilibri su tutta la colonna vertebrale. Pertanto per modificare la postura non basterà fare ginnastica ma dovremmo ricorrere all'oculista.

Una mal occlusione della mandibola porterà a un sovraccarico del collo e della zona cervicale, causando infiammazioni e contratture. La mandibola coinvolta per molte ore durante le giornate e la nottata – pensa a quanto parliamo, mastichiamo, deglutiamo, serriamo o digrigniamo – sarà predominante rispetto a un allenamento più sporadico. Quindi, relativamente ai muscoli e alle articolazioni che sono in continuo funzionamento, bisogna intervenire sulla causa.

Per tutte le altre disfunzioni, possiamo condizionare la postura con l'allenamento mirato e ottenere velocemente risultati. Innanzi tutto devi sapere una cosa: cambiare postura è possibile sempre, a qualsiasi età. Certo il corpo di un ventenne sarà più reattivo, ma il cambiamento è possibile sempre. Da piccola avevo le gambe storte e ne soffrivo moltissimo. Studiando danza, il mio difetto era lì, presente, davanti allo specchio, costantemente, e mi sentivo davvero limitata.

Guardando la mia famiglia e i miei fratelli non era difficile capire che lo avevo ereditato. Avevo circa 13 anni e sapevo che un intervento alle ossa non era possibile, ma non conoscevo altri rimedi. Poi lessi un libro, *Guarire coi perché*, di Robin Norwood, e capii che avevo un'opportunità per farle cambiare, concentrarmi su come le volevo. Con quell'unica speranza, mi misi d'impegno e usai tutta la mia volontà per visualizzare le mie gambe belle e dritte, inventai una camminata per nascondere il varismo e, a ogni allenamento, usavo la massima attenzione per correggerle. Così, un giorno, un'amica guardandomi mi disse: «Patri, hai fatto la convergenza?» Erano cambiate davvero.

Certo, ero giovanissima e la mia struttura era ancora mobile ma, credetemi, fu fantastico riconoscere quel potere e fare quella conquista che credevo impossibile. Scoprii che il corpo esprime chi siamo e che abbiamo sempre la possibilità di trasformarlo, così come possiamo trasformare noi stessi.

Pensaci, la postura è il nostro primo biglietto da visita: se ci presentiamo al mondo chini, con le spalle curve e un atteggiamento stanco e debole, questo avrà sicuramente ripercussioni e impatto anche all'esterno. Se ci sentiamo deboli e insicuri, se non conosciamo il nostro corpo, se i dolori prendono il sopravvento sulla nostra libertà d'azione, di certo non diamo l'impressione di avere una vita felice e di successo.

Al contrario, quando mostriamo una postura sicura e aperta, possiamo muoverci con destrezza e questo avrà un effetto calamita: tutti vorranno stare con noi.

Migliorare la postura vuol dire cambiare il nostro modo di comunicare e, indiscutibilmente, ciò che il fisico comunica è estremamente più potente della parola. Chi non vorrebbe stare accanto a persone sicure, vitali, consapevoli del proprio corpo e delle proprie emozioni? Cambia postura e sarai magnetico!

Ho conosciuto molte belle ragazze penalizzate dalla postura. Facci caso, una bella camminata sicura, dritta e armoniosa emana eleganza e fascino. Oggi si usano molto il botulino e la chirurgia estetica; personalmente non sono contraria, anche se in molti casi è evidente che la persona non ha l'intera percezione del suo corpo e di ciò che esso comunica al di là delle rughe. Quindi noto labbra rimpolpate, zigomi siliconati, fronti spianate; poi però cade una penna a terra e prenderla sembra un miracolo e quella persona muove il corpo come se fosse ottantenne.

Fai quello che desideri, ma mantieni sempre un occhio attento per tutto quello che sei, perché l'età biologica è quella dimostrata dalla tua postura, dalla tua mobilità, dall'agilità e dalla flessibilità con cui ti muovi, e non solo da qualche ruga in meno.

Se vuoi mantenerti giovane, muovi il corpo sempre, tutti i giorni e fai un paio di volte a settimana qualche attività aerobica che ti metta a confronto con te stesso e che possa sfidare le tue capacità rendendoti gioioso e curioso come un bambino. Questo mantiene veramente giovani, garantito!

SEGRETO n. 1: ricorda che la postura è il primo biglietto da visita e ciò che esprimiamo con il corpo è molto più forte delle parole: se vuoi mantenerti giovane, muovi il tuo corpo sempre.

Quali esercizi sono utili per cambiare la postura?
I primi esercizi sono quelli per fortificare il centro, descritti nel capitolo precedente. Infatti, per costruire un edificio, dobbiamo avere prima di tutto buone fondamenta. Le fondamenta partono dal centro e dall'appoggio del piede a terra, le nostre radici. Fai gli esercizi del capitolo sul rinforzo dell'ombelico e poi partiamo dalla riattivazione della muscolatura dell'arco plantare.

1) *Rolling pin*
Se a casa hai un mattarello, mettilo a terra e facci rullare il piede, proprio come se volessi stendere un impasto. In questo modo stimoli la circolazione e permetti di stendere e attivare gli innumerevoli muscoli dormienti dell'arco plantare. Spingi

facendo scorrere il piede su e giù per tutta la lunghezza del mattarello.

Dove ti fa più male/bene, insisti di più, perché vuol dire che lì c'è una tensione da dover sciogliere. Usa la respirazione e stai nella sensazione di piacere/dolore per qualche istante (ricordi l'esempio della pulizia dei denti?) poi, rimettendo il piede a terra avverti il senso di immenso piacere. A questo punto cambia piede.

Se non ti senti stabile, appoggiati pure lateralmente al muro o a una sedia. Puoi fare questo esercizio quante volte vuoi e, se senti un formicolio, non ti preoccupare, è il sangue che finalmente irrora ogni punto del tuo piede. Meraviglioso no? Ottimo esercizio per la postura *The wall* (vedi sopra).

2) *Standing series front*
In piedi, gambe e piedi uniti o, se non hai problemi alle ginocchia e non hai le gambe a X, in posizione Pilates (i talloni rimangono attaccati e si portano le dita verso l'esterno a disegnare una V; fai partire questa leggera rotazione dalle anche e forma così il poligono d'appoggio). Porta il peso del corpo sull'avampiede e

tieni la lombare protetta con l'ombelico e le costole in dentro. Porta le braccia tese, con i palmi rivolti verso l'alto, all'altezza delle spalle, piega e stendi i gomiti fino arrivare a 90 gradi. Non abbassare i gomiti per farlo e, soprattutto, non coinvolgere le spalle.

Ripetiti «spalle lontane dalle orecchie», fallo a voce alta! Se non hai problemi di cervicale o di spalle, usa dei pesetti o delle bottiglie d'acqua e cerca di sentire il peso tenuto dal centro prima che dalle braccia. Fai la stessa cosa aprendo le braccia lateralmente, stendendole e piegandole, mantenendo i gomiti altezza spalle, mai più alti.

3) *Standing series side*
Porta un braccio teso verso il soffitto e attaccalo all'orecchio, il palmo della mano rivolto verso te. Inclina il busto lateralment; se il braccio destro è su, inclinalo a sinistra e viceversa. Ripeti 3 volte per parte.

Durante questi esercizi, il corpo tende ad appoggiarsi sui reni e sui fianchi. Sostieni il centro, tira dentro ombelico e costole e non lasciarli mai e tieni il peso del corpo in avanti. Puoi fare questo esercizio anche da seduto.

4) *Chest expansion*

Porta le braccia tese, con i palmi rivolti verso terra, davanti alle tue spalle. Mantenendo le spalle lontane dalle orecchie, porta le braccia dietro di te più in alto possibile e mantienile mentre ruoti la testa a guardare dietro alla spalla destra prima, dietro alla sinistra poi. Ritorna al centro e riporta le braccia in avanti. Ripeti 6 volte. Se lo vuoi rendere più sfidante, alza i talloni tenendoli attaccati quando hai le braccia dietro e in alto, mantienili su durante il movimento della testa e poi riportali giù, riportando le braccia nella posizione di partenza.

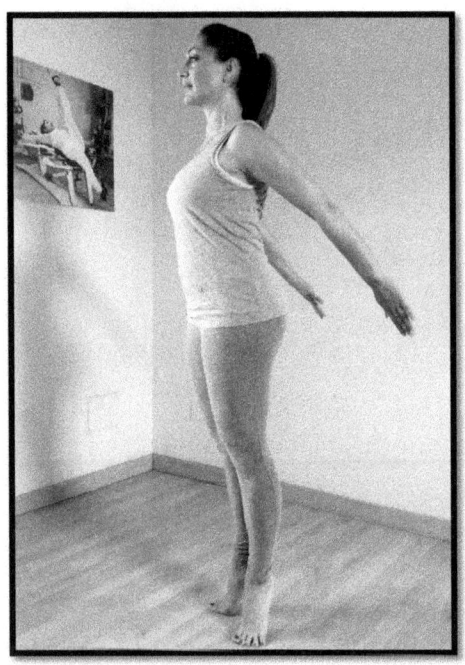

SEGRETO n. 2: puoi cambiare la tua postura a qualsiasi età; l'età biologica viene mostrata da come ti muovi: fai esercizi

mirati per 5 minuti ogni giorno e vedrai tu stesso i cambiamenti.

Le posizioni da evitare: come cambiare le abitudini errate
Portare la borsa sempre sulla stessa spalla, tenere in braccio sempre dallo stesso lato, accavallare la stessa gamba e rimanere seduti nella stessa posizione per ore senza alzarsi, mangiare curvi, guidare a lungo con il bacino storto, tirare su pesi a freddo con le gambe tese o in torsione del busto rispetto alle gambe, avere il computer disposto di lato sulla scrivania, guardare la TV con la testa ruotata: ecco le motivazioni che ho riscontrato più spesso essere causa di asimmetrie e di squilibri posturali.

In alcuni casi, scoliosi o arti inferiori di differente lunghezza portano a uno sbilanciamento della muscolatura, ma a volte anche delle semplici cattive abitudini possono causare dolori e, nel tempo, anomalie posturali e traumi. Mi capita spesso di costatare che, quando una persona lamenta dolori persistenti, passa la giornata ad assumere posture sbagliate senza rendersene conto.

Sappi una cosa: quando il corpo ci dà dolore non è mai per una sola ragione; di fronte a un solo fattore di disagio, normalmente reagisce. Certo, non siamo tutti uguali, ma siamo una macchina incredibile che cerca sempre di stare in piedi. Il punto è che quando le sollecitazioni che vengono fatte in quella zona sono troppe, non ci riesce più.

Quindi, ad esempio, stare molte ore seduti, essere sovrappeso, fare sforzi eccessivi a freddo, la rigidità muscolare (da cui sicuramente sono maggiormente colpiti gli uomini), la cattiva respirazione, oppure le difficoltà intestinali o l'indebolimento della parete addominale, presi tutti insieme, con il tempo hanno una conseguenza abbastanza prevedibile: ernie, protrusioni, cervicali.

Come fare allora? Prendere consapevolezza del proprio corpo è essenziale per controllarne i movimenti e limitare i danni. Esercitandoti, la tua percezione aumenterà e saprai proteggerti meglio. Nel fare gli esercizi, cerca di essere preciso in modo da non affaticare lo scheletro e le articolazioni nei movimenti, ma di poter controllare tutto il tuo corpo attivando più catene muscolari.

Apparentemente alcuni potrebbero sembrare esercizi leggeri, ma non lavorare al massimo della resistenza è l'unico modo per riaccendere i muscoli più profondi inattivi da tanto tempo, cosa che ci permette di distribuire le forze e di non arrivare stanchi a fine giornata. Fai molta attenzione alle parti doloranti, ho riscontrato che spesso, quando ad esempio c'è una gamba o un braccio che fa male, è dovuto al fatto che l'altro arto è pigro e meno attivo, per cui si sovraccarica sempre lo stesso e lo si mette a rischio di infortunio. Talvolta questo capita in seguito a un infortunio, quando un arto sostituisce l'altro nello svolgere le comuni azioni quotidiane e dopo la guarigione non si fa un adeguato ripristino dell'equilibrio e della forza.

Adesso spogliati e, con un atteggiamento di lucidità e accettazione, osservati allo specchio, controlla come sono allineati i piedi e come poggiano a terra, se tutta la pianta tocca il pavimento o se poggia solo l'esterno del piede.

Guarda se le tue ginocchia sono alla stessa altezza, in caso contrario è probabile che un arto sia più lungo dell'altro e facilmente potresti riscontrare dolori alle anche e alla schiena.

Nota se il muscolo di una coscia è più sviluppato dell'altro. Osserva le anche e fai attenzione se sono sullo stesso asse o se una tende a stare più in alto, o ruotata in avanti.

Passa alle spalle e, tracciando una linea immaginaria, osserva se sono alla stessa altezza o se una è più alta dell'altra, o più in avanti. Se ti vedi con le spalle ruotate in avanti, ti darà sollievo portarle indietro, ma ricorda che questo non le porterà nella loro corretta postura né le farà rimanere dietro, ma servirà a rinforzare la giusta muscolatura per tenerle in basso.

Scoprire il proprio corpo è il primo passo per sapere di cosa abbiamo davvero bisogno. Nel caso dovessi notare anomalie, segnalale al tuo medico e fai una visita specialistica per capire se possono incidere sulle tue eventuali problematiche. Ma adesso scopriamo gli esercizi mirati per aprire le spalle e alleviare i dolori cervicali.

Come alleviare i dolori cervicali
I dolori al collo, per contratture o cervicali, sono tra le patologie più lamentate da quando insegno. In presenza di forti dolori,

giramenti di testa o nausea, devi rivolgerti necessariamente a un medico. Se invece i dolori ti accompagnano nella normale routine quotidiana e sei voglioso di alleviarli e farli sparire per migliorare la qualità della tua vita, mettiti d'impegno e fai subito questi esercizi.

Per prima cosa, ricomincia a osservarti di profilo: la linea del collo prosegue quella del dorso? Se la risposta è no, devi correggere questa postura e otterrai subito un gran beneficio. Tra poco descriverò gli esercizi necessari: già solo dopo averli fatti quattro o cinque volte, ti sentirai di poter stare più dritto e di poter mantenere la testa in una posizione diversa, alleviando da subito i fastidi.

Se abitualmente parli molto – magari sei un insegnante, un venditore, un oratore – capita spesso che la posizione della testa sia protesa in avanti, e questo crea una tensione dei muscoli cervicali che, contraendosi per molte ore, s'infiammano causando il dolore. Con gli esercizi si mira a recuperare una posizione più corretta.

Bisogna poi valutare il movimento delle mandibole: se le senti doloranti e sai di avere l'abitudine di digrignare i denti, per alleviare la tensione che si accumula, puoi usare questo automassaggio. Spalanca il palmo della mano e le dita e poggia la parte sottostante del pollice (quella cicciotta, i muscoli dell'eminenza tenar) appena sotto i tuoi zigomi. Apri leggermente la bocca e sentirai che questa parte della mano si incastra a pennello con questo punto. Fai dei piccoli movimenti circolari, facendo pressione. Sicuramente sentirai una sensazione forte. Massaggiale ogni volta che puoi, anche solo per rilassarti.

Ora ti chiedo di prestare attenzione alla masticazione. Talvolta noto mascelle più gonfie da un lato e, chiedendo alla persona se mastica spesso da quella parte, il più delle volte se ne spiega il motivo. Dobbiamo osservarci e cambiare le nostre abitudini. Se ci accorgiamo che la masticazione avviene solo da una parte, è bene provare a cambiare, anche se resisterai solo per qualche secondo, vedrai che, se continui a farlo almeno tre volte durante un pasto, inizierai poi a masticare da entrambi i lati con facilità. Soprattutto, dando estremi benefici al collo.

Un altro fattore determinante da controllare per alleviare i dolori cervicali e dimenticarli è la vista. Ricorda che il corpo usa il dolore per avvisarci che qualcosa non sta funzionando e, se arriva a darci questo segnale, probabilmente stiamo sovraccaricando quella parte con più disfunzioni. Il dolore è un segnale preziosissimo, che ci dovrebbe allertare e sensibilizzare rispetto alle cause. Invece spesso prendiamo un antinfiammatorio e crediamo di poterlo curare in questo modo. Ringrazio i medicinali, la scienza e i medici, ma in questa società tendiamo a curare gli effetti e non le cause da cui scaturisce il disturbo.

Molti sportivi ne sono a conoscenza e sanno che, se prendiamo un antinfiammatorio, sarebbe meglio prenderlo prima di dormire. Questo perché essendo il dolore il nostro termometro per proteggere la parte da ulteriori affaticamenti, se lo prendiamo di giorno, continueremo a fare movimenti che ledono la parte, creando un circolo vizioso. Durante il sonno invece, essendo il corpo a riposo non abbiamo questo rischio. Logico no?

Da quanto ho osservato in dieci anni di insegnamento, le cause più frequenti che procurano dolori cervicali sono il lavoro sedentario, l'utilizzo del mouse, il poco movimento, un atteggiamento timido che tende a chiudere le spalle, gli interventi ai denti, gli infortuni alle spalle non seguiti da adeguata riabilitazione, le asimmetrie, i problemi agli occhi o all'apparato vestibolo mandibolare, i traumi. Adesso prenditi un minuto e annotati gli infortuni e gli interventi passati. Ti aiuterà a focalizzare le motivazioni che possono aver creato il problema, portandoti così a poter intervenire, quotidianamente, in maniera più potente. Ma scrivi anche cosa vuoi migliorare, come ti vorresti sentire.

A quanti è stato prescritto l'uso di un *bite*? È necessario ricordare bene come usarlo. Un *bite*, così come un plantare o una sedia ergonomica, va inserito e tolto gradualmente. Questo perché mette il fisico in posizioni diverse rispetto al solito ed è come se improvvisamente facesse ginnastica per tutto il tempo. Quindi usali sempre gradatamente, altrimenti non saranno d'aiuto.

SEGRETO n. 3: se hai frequenti dolori cervicali, fai una visita per controllare il movimento della mandibola e controlla la vista.

Cambiare l'atteggiamento cifotico

Emozioni, tensioni e stati d'animo vengono spesso somatizzati sul collo e sulle spalle, creando contratture e posture sbagliate. Negli anni, le spalle perdono la loro mobilità e, ogni volta che muoviamo le braccia, non essendo più svincolate dall'articolazione scapolo-omerale, si sovraccaricano i muscoli trapezi creando eccessivo carico e conseguente dolore.

Ovviamente anche tutti i fattori legati alle problematiche del collo incidono sulle spalle. Per cui sarà indispensabile usare anche gli esercizi per il collo. Se hai avuto un infortunio alla spalla e, nonostante le cure mediche e le sedute fisioterapiche, non hai ancora ripreso appieno la mobilità, puoi sfruttare questi movimenti e accorgerti giorno dopo giorno del miglioramento. Sappi che, anche in tal caso, sarà necessario un movimento quotidiano; tre minuti al giorno basteranno.

Dopo una sola settimana avrai sicuramente aumentato la capacità di escursione. Vado a descrivere gli esercizi, ma fai estrema attenzione perché dovranno essere eseguiti tenendo la concentrazione sui movimenti e in maniera lenta, fluida e controllata. Non devi sentire dolore, ma calibrare l'ampiezza del movimento in modo che, in quel punto, possa di nuovo circolare il sangue senza mai sollecitare direttamente la parte.

Gli esercizi che seguono sono in ordine di difficoltà.

1) Siediti in modo che le ginocchia formino un angolo retto. Se hai una seduta troppo alta, metti un rialzo sotto i piedi. Spingi i piedi verso il pavimento e sentirai di poter tenere più facilmente l'ombelico in dentro. Questo è davvero importante perché, se non abbiamo una base solida, il nostro centro e i muscoli scapolari non avranno un ancoraggio valido per costruire una nuova postura.

Con la schiena dritta, volta il palmo della mano verso il soffitto e alza le braccia, se puoi, fino all'altezza delle spalle. Tra le braccia, la distanza è quella delle spalle. Senza abbassare i gomiti, piega le braccia fino a raggiungere un angolo di 90 gradi, poi distendile di nuovo completamente, cercando di stimolare la distensione totale dei gomiti.

Fai tutti questi movimenti come se fossi immerso nell'acqua, ossia creando una resistenza diversa da quella dell'aria. Ripeti 5/6 volte.

2) Con le braccia lungo i fianchi, metti le mani sul bordo della sedia (le braccia sono completamente distese). Fai una pressione, come se volessi spingerla dietro di te e, sempre tenendo l'ombelico, gira la testa a destra e a sinistra, cercando di guardare dietro le spalle; torna al centro e rilascia un istante la pressione delle braccia. La testa va tenuta dritta, perciò il mento deve stare come se fosse appoggiato su un tavolo, e il collo nella postura corretta, cioè deve proseguire il più possibile la linea del dorso. Ripeti 6/8 volte. Facendo questo esercizio, stai costruendo la tua migliore postura, il tuo biglietto da visita. Fai del tuo meglio!

3) Metti le mani sul muro, davanti alle spalle. Scostati un pochino con i piedi e con il corpo dalla parete, inclinandolo un po', come la torre di Pisa. Piega i gomiti indentro cercando di rimanere compatto con il busto e mantenendo costantemente tirato l'ombelico verso la colonna vertebrale; attiva un po' anche i glutei. Dopo qualche secondo, stendi le braccia. Ripeti l'esercizio

6/8 volte. Se fai pressione con le mani sul muro, stimolando tutto il palmo a fare pressione, sentirai attivarsi altri muscoli.

4) Sciogli il collo: da seduto, o in piedi, porta l'orecchio verso la spalla e lascia andare la muscolatura laterale; inspirando, torna al centro poi, espirando, cambia lato. Ripeti 3 volte per lato. Poi gira la testa a guardare dietro la spalla, mantenendo il mento ad angolo retto, come se fosse appoggiato su un tavolo. Immagina sempre di poter creare spazio tra le vertebre e di spingere i piedi nella sabbia, come a immergerli.

Poi fai delle circonduzioni, ma evita di passare indietro con la testa per non schiacciare le vertebre cervicali. Quando passi dietro, limitati a spingere il mento e il petto verso l'alto. Fai le circonduzioni in un senso, poi nell'altro, per 3 volte. Schiena dritta, mi raccomando. Se non ne hai ancora percezione, immagina di farla aderire alla parete. Le curve fisiologiche devono essere contrastate per riprendere spazio tra le vertebre.

5) Da seduto, con le gambe a 90 gradi e le ginocchia leggermente aperte, porta in avanti la schiena e lascia completamente andare la

testa a penzoloni, insieme alle braccia. Immagina la testa come l'ancora di una barca e la tua colonna vertebrale come la catena. Rimani giù e rilassati per qualche istante poi, tirando dall'ombelico, riporta su ogni anello della catena delle vertebre e, per ultimissima, la testa.

Se fai questi esercizi solamente 10 minuti al giorno, i dolori al collo e alle spalle diminuiranno fino a sparire. Non ci credi? Prova! Anni fa venne da me una signora che lamentava una forte cervicalgia. Dopo poche lezioni mi disse che stava già meglio, che nel corso della giornata si ripeteva alcune delle frasi che usavamo durante la lezione, in particolare «spalle lontane dalle orecchie», e che spesso usava l'ultimo esercizio descritto quando andava in bagno. Così facendo, ha iniziato a inibire il sovraccarico dei trapezi e per ben due anni, quando la incontravo, mi diceva che non aveva più avuto disturbi e che non aveva più bisogno di me.

SEGRETO n. 4: chiusura delle spalle e chiusura emotiva vanno di pari passo: cambia postura delle spalle e ti sentirai più sicuro.

La voglia di essere amati

Ora dobbiamo approfondire cosa vuol dire stare bene. Ti capita spesso di incontrare persone che ti raccontano i loro successi, i bei momenti che hanno passato con la persona amata, quanto si sentano energici e forti o, ancora, quanto si sentano fortunati e grati per aver conquistato un traguardo? Purtroppo credo che non capiti spesso. Mi sono chiesta il perché e credo di aver trovato una delle risposte.

Tutti noi siamo alla ricerca d'amore, di approvazione e purtroppo siamo abituati a ottenerlo attraverso la compassione, la lamentela, l'espressione del disagio. Da dove parte questa convinzione? Ti ricordi cosa faceva tua madre quando avevi qualche difficoltà, quando cadevi, piangevi o eri triste? Ti consolava e ti coccolava! Perciò non è così strano che da grandi per cercare amore siamo portati a fare la stessa cosa.

Abbiamo associato le coccole e l'amore ricevuti ai momenti difficili. Di contro, quando facevamo qualcosa di grandioso, i nostri genitori magari ridevano o erano orgogliosi, ma non ci davano baci e carezze. Perciò credo che uno dei modi più naturali per ottenere amore sia raccontare agli altri i propri malesseri, le proprie difficoltà, non perché siamo negativi, ma perché abbiamo tutti disperatamente bisogno d'amore.

Ti voglio raccontare una storia. Un giorno venne a fare lezione una signora con una scoliosi paurosa, circa gradi 30. Da più di vent'anni non poteva stare in piedi per più di un'ora; aveva circa 55 anni e ho cercato di immaginare che tipo di vita poteva aver condotto con questo grande limite. Mi sono chiesta quante rinunce avesse dovuto fare e come sarebbe stata la sua vita se, al contrario, non avesse avuto questo problema. Quali e quante opportunità aveva perso.

Da anni il suo sonno era interrotto da forti dolori alla schiena. Il suo viso era molto teso e il tono di voce pieno di rabbia. Un'amica le consigliò di venire a fare lezioni di Pilates da me e, dopo i molti tentativi di risoluzione falliti, conquistare la sua fiducia non fu semplice. Diedi il mio meglio, ci misi tutta la mia volontà, perché sapevo che avrei potuto aiutarla e, finalmente, dopo circa tre mesi di lezioni, arrivò in studio e mi disse che per la prima volta era stata bene, che aveva passato ore in piedi senza il bisogno di sdraiarsi e che da qualche notte dormiva senza interruzioni.

Il viso le si era addolcito e aveva un'espressione gioiosa, sorpresa, ma anche un po' disorientata. Purtroppo non durò molto, perché da lì a poco non venne più. Dopo qualche tempo venni a sapere che aveva ripreso le vecchie abitudini, rispetto al suo non poter camminare o stare fuori casa per più di un'ora e che di nuovo lamentava dolori. Pertanto mi domandai come mai avesse mollato proprio quando il lavoro stava dando il risultato sperato.

Perché non aveva permesso al suo fisico di consolidare la sua nuova postura? Alla sua vita di essere più felice? Il bisogno di sentirsi amata era stato più forte. Ormai aveva consolidato la modalità per ottenere amore e attenzioni attraverso il suo stato fisico limitante, e non era stata mai stata abituata a riceverlo in altri modi. Imparai molto da questa esperienza, imparai che nonostante un metodo sia davvero efficace, bisogna lavorare su più fronti, perché a volte i nostri disagi ci servono e non sappiamo più farne a meno quando si alleviano.

Chiediti: a cosa serve questo dolore? Cosa posso fare per stare bene? Poniti la domanda ad alta voce e lasciala sedimentare: il tuo intelletto troverà la risposta e capirai come agire. Ho imparato a rispettare i tempi della persona perché a volte dobbiamo imparare a volerci bene davvero. Chissà se, senza quella invalidità, le persone intorno a lei l'avrebbero comunque amata e fatta sentire importante.

Sappi che le scoliosi sono degenerative, per chi ne è colpito è fondamentale fare una ginnastica mirata che tenda a non fare progredire le curve scoliotiche, che altrimenti continuerebbero il loro corso.

Come aiutare le ginocchia
Questa è l'articolazione più complessa e grande dello scheletro umano e quella che viene maggiormente stressata e usurata nel tempo. La struttura anatomica è molto complessa, ed è composta da veri legamenti che aiutano a tenere il ginocchio nella sua sede nonostante gli svariati movimenti. Le ginocchia supportano tutto il nostro peso corporeo prima di scaricare il peso a terra. Lavorano costantemente, perché ci permettono di fare i

movimenti principali, di piegarci e rialzarci, ma essendo articolazioni delicate, spesso non risparmiano dal dolore. Giovani, sportivi o anziani prima o poi ne possono subire gli effetti. Il dolore può dipendere dai legamenti, dai menischi, dalle rotule, dalle cartilagini, da versamenti. A seconda del tipo di dolore, un medico può capire di cosa si tratta e prescrivere la terapia giusta.

Ghiaccio, Tecar, laserterapia o infiltrazioni di acido ialuronico possono aiutare, ma è indispensabile tenere una buona tonicità muscolare. Gli interventi al menisco sono poco consigliati per chi ha più di 40 anni. Tenendo il quadricipite attivo, potremo alleggerire le nostre articolazioni e in questo caso non far gravare sul ginocchio il nostro peso. Perciò se hai questo problema, oltre a farti seguire da un fisioterapista o da un osteopata, segui questi esercizi in modo da tenere la muscolatura funzionante con un apporto di sangue nella zona. Ricorda: fluidità dei movimenti, tenere l'ombelico e non sentire mai il dolore durante l'esecuzione.

1) Siediti su una sedia e poggia i piedi bene a terra. Allarga le dita e prova a sentire tutta la pianta che aderisce al pavimento. Le ginocchia devono avere un angolo di 90 gradi. Tieni la schiena

dritta, quindi verifica che le spalle cadano in linea con le anche e immagina di respingere con la cima della testa un paio di libri della *Divina Commedia*. Crea così due forze opposte: i piedi che spingono in basso, come delle radici, e tutta la colonna vertebrale che spinge in alto come la cima di un albero che segue la luce.

2) Tenendo la sensazione del primo esercizio, solleva una sola gamba, senza stenderla, e cerca di rimanere alto soprattutto con la zona lombare. Ripeti la sequenza 4 volte: tira su, stai qualche istante e poi riscendi. Poi fallo con l'altra gamba.

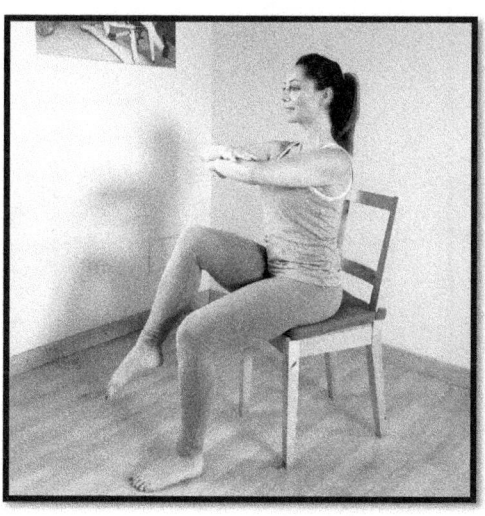

3) Ora, sollevando la coscia come prima e più in alto possibile, prova, senza abbassare la gamba, a stendere il ginocchio, ma non del tutto. Devi stendere fino a che puoi, senza sentire il dolore al ginocchio; se invece avverti una sensazione di bruciore alla coscia non ti preoccupare, anzi, è proprio quello di cui c'è bisogno. Tieni la gamba tesa qualche secondo, ripiega delicatamente e riappoggia il piede a terra. Ripeti 4/5 volte. Poi cambia gamba. Se sei in una fase di ripresa, fai lavorare l'arto danneggiato una volta in più per risvegliare la muscolatura.

4) Sempre da seduto, metti una palla, meglio se un po' sgonfia, tra le cosce, se non ce l'hai, procurati un asciugamano da arrotolare. Metti le braccia alla russa e, sostenendo la schiena come detto prima, schiaccia il pallone attivando l'interno coscia. Stringi 3/4 secondi, poi rilascia. Ripeti 10 volte.

5) Mettendo i piedi a terra, solleva il bacino dalla seduta e porta il peso del corpo sulle cosce; i talloni si sollevano e le ginocchia si devono tenere allineate. Anche, ginocchia e caviglie su una stessa traiettoria. Stringendo i glutei, stai qualche istante e cerca di correggere la posizione. Punta il più possibile alla precisione dei movimenti; se noti che i piedi si storcono in fuori o in dentro cerca di tenerli in asse. Quando ti siedi, tira in dentro l'ombelico.

Durante i movimenti quotidiani, in generale è opportuno non flettere completamente il ginocchio ed evitare di stenderlo completamente, perlomeno fin quando non passerà il dolore. Sarà veramente molto importante che tu faccia attenzione alle faccende quotidiane e che eviti di fare movimenti a freddo, che implicherebbero per il ginocchio la massima funzionalità.

Sarà utile non accovacciarsi per un po' perché, anche quando il dolore sarà passato, questo movimento potrebbe andare a rinfiammare la parte. Lo so, bisogna avere molta pazienza e attenzione, ma sarà indispensabile se vorrai far sparire il dolore definitivamente. Attenzione anche alle scarpe basse, soprattutto chi ha le ginocchia iper estese. Fai tesoro di queste informazioni, perché questi accorgimenti faranno la differenza nel recupero totale o quasi dell'infortunio.

Osserva ora le tue gambe: le ginocchia potrebbero non essere perfettamente dritte, ad esempio a ferro di cavallo, (convesse) o a X (concave). Se pur unendo le gambe, noti che rimane uno spazio in mezzo e hai difficoltà a unire le ginocchia, è importante che rinforzi l'interno coscia. Il varismo ha portato, in casi estremi, alla sedia a rotelle. Sono casi eccezionali, ma correggendolo potremmo evitare storte, problemi ai menischi, alle anche e alla schiena.

Infatti, con le gambe vare, il peso finisce naturalmente sul lato esterno del piede. Osservando le scarpe, potresti notare che la suola è più consumata all'esterno. Questo porta instabilità e possibili cadute. Anche i menischi, subendo una maggiore pressione esternamente, sono facili alla fuoriuscita o allo schiacciamento. In questi casi è davvero necessario ristabilire l'equilibrio muscolare per evitare possibili infortuni e rendere più forti gli adduttori, in modo da contrastare la forma dell'osso.

Esercizi per rinforzare gli adduttori
1) Sdraiati con la schiena a terra, gambe piegate, metti un cuscino tra le cosce e spingi sia tutta la pianta del piede a terra, sia il cuscino tra le gambe. Stringi inspirando, trattieni l'aria tenendo e poi espira rilasciando. Ripeti 5/6 volte.

2) Porta ora le ginocchia al petto, e fai la stessa cosa tenendo le cosce il più possibile vicino al petto. La respirazione e le ripetizioni sono le stesse dell'esercizio precedente. Se vuoi aumentare la difficoltà, alza testa e spalle anche per l'esercizio precedente.

3) Ora, di nuovo piedi a terra, cuscino tra le cosce e gambe piegate, alza il bacino stringendo i glutei, tieni la posizione sospesa per qualche istante, poi riscendi una vertebra alla volta,

sempre strizzando il cuscino. Inspira salendo, trattieni l'aria per tre secondi e poi espira scendendo.

4) Se non hai infortuni alle ginocchia e vuoi sfidarti, disponi sul pavimento due pezzi di carta – più grandi dei tuoi piedi – e mettici sopra i piedi. Divarica le gambe e porta le mani sul pavimento. I piedi sono paralleli. Il movimento consisterà nel far scivolare i piedi in fuori e in dentro, mantenendo le gambe tese. La carta ti agevolerà, ma l'esercizio è laborioso, anche se davvero ottimo per rinforzare la muscolatura interna.

Se invece hai gambe a X, la parte da rinforzare per portare più equilibrio e impedire l'avanzamento della curva è quella dell'esterno coscia. In questo caso, molto probabilmente l'appoggio del piede sarà maggiore all'interno. Si può fare molto stimolando la catena muscolare esterna e iniziando a cambiare l'appoggio del piede a terra.

Questo tipo di ginocchio è soggetto nel tempo a dolori perché le articolazioni anche, ginocchia, caviglie non sono in asse e non fanno cadere uniformemente il peso a terra. È dunque efficace rinforzare la muscolatura delle gambe con un diverso appoggio del piede.

Esercizi per le gambe a X

1) Siediti sulla sedia, stando con la schiena dritta – tenendo quindi l'ombelico – con le braccia piegate davanti a te, alla russa. Alzati e siediti cercando di mantenere, durante il movimento, lo stesso spazio tra i piedi come tra le ginocchia. Mettiti davanti a uno specchio e osservati. Se non riesci, puoi usare qualcosa tra le ginocchia, un pallone o un barattolo, purché durante la discesa e la salita le ginocchia non convergano all'interno. Fallo 6 volte poi, dopo una pausa di qualche istante, ripeti.

2) Con i piedi a terra, metti le mani ai lati delle cosce e fai pressione spingendo le cosce verso l'esterno, ad aprirle, e le mani verso l'interno. Inspira, spingi, trattieni l'aria mantenendo la pressione, espira e rilascia. Ripeti 6/7 volte.

3) In piedi con le mani in appoggio sullo schienale della sedia, con i piedi uniti, porta il mento al petto e spingi l'osso sacro verso il naso, arrotondando la schiena e, in particolare la zona lombare.

Poi alza la gamba lateralmente, fino a poco sotto l'anca, ma senza girare il piede, quindi abbassala e rialzala, senza più toccare il pavimento, per 15 volte. Fallo lentamente, e senti il movimento partire dalla tenuta del centro. Cambia gamba. Questo esercizio è utilissimo per togliere i famosi "cuscinetti" sui fianchi delle donne.

4) Metti la sedia al tuo fianco e poggiaci la mano, in modo che ti consenta di tenere più facilmente l'equilibrio durante l'esercizio. Divarica i piedi alla larghezza delle anche – mi raccomando, sii preciso come un ingegnere. Poi piega le ginocchia senza alzare i talloni e, rimanendo dritto con la schiena, piega quanto più ti è possibile. Ora alza i talloni contemporaneamente, lasciando il peso del corpo completamente sulle dita dei piedi e sulle cosce, stendi le gambe e, per finire, riscendi con i talloni. Le caviglie e le ginocchia devono essere sempre allineate, su una stessa linea. Ti ricordo la fluidità dei movimenti e il controllo.

SEGRETO n. 5: rinforza le tue cosce e salva le articolazioni più complesse che abbiamo: le ginocchia.

RIEPILOGO DEL CAPITOLO 4:

- SEGRETO n. 1: ricorda che la postura è il primo biglietto da visita e ciò che esprimiamo con il corpo è molto più forte delle parole: se vuoi mantenerti giovane, muovi il tuo corpo sempre.
- SEGRETO n. 2: puoi cambiare la tua postura a qualsiasi età; l'età biologica viene mostrata da come ti muovi: fai esercizi mirati per 5 minuti ogni giorno e vedrai tu stesso i cambiamenti.
- SEGRETO n. 3: se hai frequenti dolori cervicali fai una visita per controllare il movimento della mandibola e controlla la vista.
- SEGRETO n. 4: chiusura delle spalle e chiusura emotiva vanno di pari passo: cambia postura delle spalle e ti sentirai più sicuro.
- SEGRETO n. 5: rinforza le tue cosce e salva le articolazioni più complesse che abbiamo: le ginocchia.

Capitolo 5:
Come ottenere ciò che desideriamo

La mia passione per il movimento è stata alimentata dalla sensazione di sicurezza profonda che sento a ogni fine allenamento. Sono rigenerata, sprintosa e i problemi, i carichi sembrano non esserci più. Da sempre avevo studiato gli effetti dello sport sul corpo, ma sentirli ogni volta è diverso dal saperlo. La lettura e la partecipazione ai corsi di Anthony Robbins mi hanno fatto capire ancora meglio la potenza del movimento.

Tutti noi vogliamo una vita felice, piena di possibilità, di occasioni, vogliamo costruire il nostro successo, che non vuole necessariamente dire ricchezza economica, ma un successo personale che ci faccia sentire appagati e soddisfatti. Da piccoli siamo pieni di energia, siamo in continuo movimento e sogniamo di poter realizzare le nostre passioni, ci immaginiamo supereroi, forti, pieni di cose da scoprire.

Crescendo aumentano le nostre paure e realizzare ciò che abbiamo sognato sembra diventare molto difficile, così ci accontentiamo di avere sicurezze. Ma le sicurezze non fanno osare, non fanno sperimentare cose nuove – conoscenze, sport, lavori, passioni, persone, amori. Ci tengono ancorati in una zona confortevole ma, a lungo andare, noiosa e insoddisfacente.

SEGRETO n. 1: sfida la tua mente, metti da parte le tue certezze, fai spazio al nuovo, lasciati sorprendere.

Per permettere alla nostra vera essenza di potersi esprimere e sentirci vivi davvero, dobbiamo innanzi tutto avere energia! Avere il carburante per far sfrecciare la nostra auto e portarla a destinazione, alla realizzazione di ciò che vogliamo veramente. Il punto è che se non siamo noi a decidere dove andare, cosa fare, qualcun altro deciderà per noi e questo non ci può portare a esprimere chi siamo.

Ma come facciamo a essere sempre energici, per tutta la giornata e tutti i giorni? Come fare per alzarsi al mattino entusiasti, carichi, per essere preparati a scegliere e a vedere quanto la vita può offrire? Ci sono vari modi, ma se lo vuoi fare in un batter d'occhio la soluzione più facile è muoversi! Solo con il movimento possiamo cambiare lo stato d'animo in ogni momento e sentirci vitali, pronti, reattivi, capaci di affrontare i problemi che ci arrivano e di riuscire a vederli come sfide e non come sfighe. Ogni problema è un'occasione di crescita, il problema è il modo della vita, dell'universo di Dio o quello che preferisci, per darci opportunità di crescere.

SEGRETO n. 2: crea energia, muoviti, perché se ti senti fiacco e stanco non puoi portare il successo e il benessere che desideri nella tua vita.

Da ragazza lessi un libro rivelatore, *Illusioni* di Richard Bach; fu fantastico imparare che siamo noi i responsabili del modo in cui viviamo. Sempre. Mi fece provare un senso di libertà mai sentito e la frase che porto ancora con me e che mi aiuta spesso è: «Ogni problema è un dono per te, tu cerchi problemi perché hai bisogno dei loro doni». È così, pur essendo nel pieno dell'età adolescenziale, iniziai a ringraziare i miei genitori e di conseguenza ogni mio comportamento nei loro confronti cambiò e mi sentii piena d'amore. Ho avuto un'infanzia non poco complicata, provavo molta rabbia, ma fortunatamente nelle mie mani arrivò questo libro, perché da lì a poco mio padre morì. L'avergli ridato amore prima della sua scomparsa è stato un vero dono. Sono piena di gratitudine per questo.

SEGRETO n. 3: scrivi cosa vuoi davvero e mantieniti focalizzato sui tuoi obiettivi, usa solo le affermazioni, tieni alta l'energia e agisci.

Come alimentarsi con saggezza

Siamo quello che mangiamo. Stiamo vivendo nella società dell'abbondanza e con il cibo spesso nutriamo vuoti affettivi e frustrazioni personali, mangiando tutto quello che arriva sotto i nostri occhi senza valutarne le conseguenze. Leggiamo libri, andiamo dal nutrizionista, ci facciamo prescrivere l'alimentazione a cui ci dovremmo adeguare e poi, dopo qualche settimana o mese, non riusciamo a osservarla.

Ormai sai che mi piace farmi delle domande, come mai non riusciamo a seguire ciò che ci farebbe davvero bene? Perché è così difficile integrare nelle proprie abitudini un sistema alimentare sano e duraturo? Credo che tra le risposte ci sia, oltre che un bisogno di piacere immediato, una bassa motivazione, e confusione sulle regole più importanti da mantenere sempre e fare proprie.

Quando decidiamo di fare una dieta, chiediamoci il perché, quanto sarebbe importante per noi, come potrebbe cambiarci la qualità della vita, quali opportunità in più potremmo avere, cosa vogliamo davvero cambiare e ottenere. Scrivi! Vedrai che questo approccio ti darà immediatamente più forza per continuare con determinazione a mantenere la tua decisione e rispettare la dieta e la sua durata. Scrivi i punti per cui sarà importante non cedere alle tentazioni e aumenta la tua conoscenza su ciò di cui ha bisogno l'organismo per andare al massimo, per stare bene e sentirsi ogni giorno al meglio.

Ogni volta che iniziamo una dieta ferrea e la interrompiamo, creiamo un meccanismo di difesa del corpo, una memoria che renderà sempre più difficile perdere peso. Il nostro corpo trattiene i grassi perché si protegge naturalmente da periodi di carenza alimentari; è un sistema di sopravvivenza genetico e molto antico. Ogni volta che iniziamo una dieta, le cellule ricorderanno la dieta precedente e impiegheranno più tempo per rilasciare i grassi.

Quando decidi di seguire una dieta rigorosa, falla del tutto o non iniziarla per niente. Pur avendo fatto solo una dieta in vita mia, ci sono dei principi a cui mi sono sempre attenuta che voglio suggerirti e che, con efficaci riscontri, noto essere utili anche per i miei clienti. Nei periodi in cui siamo messi alla prova da banchetti per feste e compleanni o dalla voglia di gratificarsi, se prendiamo queste abitudini potremmo giovarne anche quando non ci atterremo rigorosamente a un sistema alimentare specifico.

Fai 5 pasti al giorno, moderando le quantità, perché il nostro stomaco ha la grandezza di un pugno e la quantità di cibo che ingeriamo non dovrebbe mai essere più grande. Conviene poi sedere a tavola stando il più possibile comodi e fare qualche respiro profondo prima di iniziare. Se manteniamo uno stato di stress e di tensione durante il pasto, tenderemo a mangiare più del necessario e a non masticare adeguatamente. Sarebbe bene mangiare un po' più lentamente di quanto si è abituati ed eliminare fonti di distrazioni che durante il pasto possano distrarre dal gustare i cibi.

Bevi acqua prima e dopo il pasto, non durante, meglio se con qualche goccia di limone. Mangia la frutta lontano dai pasti. Posa la forchetta qualche istante nel corso di un pasto e accompagna sempre proteine e carboidrati con delle verdure.

Cerca di non mangiare proteine e carboidrati insieme e di non associare mai proteine e grassi. Se lo fai, aggiungi verdure a foglia verde che aiuteranno la digestione. Non assumere troppi zuccheri e abbandona le bevande gassate.

Evita i cibi che non crescono sulle piante o che non vengono dalla terra, fai attenzione agli alimenti con ormoni, pesticidi e antibiotici. Inserisci queste regole nella tua quotidianità e vedrai che sarà più facile evitare le abbuffate e non accumulare peso. Attenendoci a queste regole, ci garantiamo una salute migliore con il conseguente aumento delle difese immunitarie e la possibilità di vivere più a lungo.

SEGRETO n. 4: mangia in modo da dare al tuo corpo il miglior carburante; fai 5 pasti al giorno e ogni tanto premiati con ciò che più ti piace, limitandone la quantità.

Le esperienze dei clienti

In questi anni ho avuto la possibilità di incontrare molte persone, di vederle muovere e di poterle aiutare a trovare un assetto migliore della loro postura e della capacità di muoversi. Mi è piaciuto molto chiedere loro di descrivere la propria esperienza e mi sono emozionata nel ricevere immediatamente i loro riscontri. Ne riporto alcuni.

«Sulla spinta di un corpo dolorante, che intralciava e limitava la mia quotidianità, mi accostai alla disciplina del Pilates. Ne sapevo poco, ma fidandomi del suggerimento del fisioterapista, fissai un appuntamento. Gradualmente scoprii una nuova realtà, una nuova fonte di esperienza. Il corpo, dato per scontato, diventò uno strumento con cui continuare la ricerca della conoscenza di me stessa dopo che i dolori che mi affliggevano vennero superati.

Sperimentai la difficoltà di eseguire fisicamente ciò che era chiaro cognitivamente. Riemergevano limiti e timori creduti ormai superati attraverso la consapevolezza psichica. Grazie agli incontri bisettimanali e individuali, potei confrontarmi con ciò che ritenevo impossibile per me.

Scoprii, attraverso il corpo, l'importanza di essere in movimento, di concentrarmi nella sua realizzazione, piuttosto che affrettarmi alla sua conclusione sottraendomi, così, alla fatica. Giorno dopo giorno, il corpo si riappacificava con la mente in un abbraccio armonico, l'esecuzione di un esercizio diventava una metafora della vita. Da allora sono trascorsi anni e ancora pratico questa disciplina con la stessa cadenza ed entusiasmo. Tutto ciò è stato possibile anche grazie alla professionalità, dedizione e umanità della mia maestra».
Dott.ssa Francesca B.

«Ho iniziato a fare Pilates in un momento psicologicamente difficile. Fin dalle prime lezioni ho riscontrato subito i benefici e la mia mente e i miei pensieri iniziavano piano piano a cambiare e a essere più positivi. Finita la lezione, non vedevo l'ora che arrivasse quella dopo e ai benefici fisici e posturali si sono

aggiunti quelli di uno stato emotivo più alto, che mi portava ad avere una camminata più sicura e imponente».
Milena R.

«La mia scoperta è stata tutta in salita conoscendo Patrizia e Pilates. Sono riuscita in breve a vedere un panorama con altri occhi. Dopo poche lezioni, ho capito i benefici che stavo avendo grazie alla qualità della lezione, dei movimenti e ho scoperto che anche senza sudare potevo rimodellare e riscoprire muscoli dimenticati. Diventò qualcosa da cui non voler fare a meno e, quando mi capita di non poterlo fare per un po', sento la necessità di rifarlo per avere la consapevolezza della posizione del corpo nello spazio».
Alessandra C.

«Cercherò di riassumerne in poche righe quello che ho sentito e visto nella pratica personale e nell'insegnamento, conoscendo il Pilates. Tra le cose più belle posso dire che il desiderio e il bisogno di cercare sempre più in profondità nel corpo e nell'anima sono cresciuti in maniera direttamente proporzionale alla conoscenza della disciplina. Mi sento viva più che mai, non

potrei più abbandonarlo».
Pamela V. (un'allieva poi diventata insegnante).

«Avvicinarsi a questa disciplina vi renderà liberi di andare lontano, il Pilates è eleganza, è movimento, è magia! Senti il tuo corpo muoversi con sicurezza e grazia. Ogni giorno ne prendi atto e ti accorgi che non ne puoi stare lontano».
Gabriella C.

«Gyrotonic® tutta la vita! Ma solo con te, Patri. A volte vorrei spostarmi da Roma, ma quando penso alla lezione e a Patrizia mi domando come farei poi senza di loro... Associo entrambe le cose perché il Gyrotonic® è lo strumento meraviglioso che sta cambiando il mio corpo, ma Patrizia è la mente che cambia il mio umore e mi dà fiducia sempre, facendo rafforzare la mia autostima. Ringrazio il giorno in cui ho incontrato tutto ciò. Stare meglio si può, se lo volete veramente ora sapete a quale porta bussare: *Studio Silberheer*... di meglio non ce n'è!»
Ilaria Z.

«Grazie a Patrizia e al suo straordinario modo di insegnare Pilates

ho scoperto cosa vuol dire "sentire" il movimento del mio corpo collegato alla mia mente, ma soprattutto ho ritrovato un'energia fisica e mentale che ha aggiunto qualità alla mia vita ogni giorno. Grazie di cuore».
Rossella P.

SEGRETO n. 5: sii grato, guarda tutto ciò che hai e rimani concentrato su ciò che ti fa sentire bene.

Le frasi più comuni dette a fine lezione
«Mi sento più alta».
«Mi sento più leggera».
«Vedo più lucidamente».
«Mi sento calma e soddisfatta».
«Fortuna che sono venuta, ero così stanca... ma ora mi sento carica».
«Ho sentito parti del corpo che non sapevo esistessero».
«Sedendomi in auto, ho dovuto alzare lo specchietto».
«Già finito?!»
«Non vorrei più smettere».
«Ne avevo proprio bisogno».

«Mi sento allungata e più sciolta».
«Quando abbiamo la prossima lezione? C'è posto domani?»

Ed è ciò che anche tu potrai dire a fine allenamento, soprattutto se lo manterrai. Sarebbe bello che scrivessi la tua esperienza sulla nostra pagina Facebook "Studio Silberheer", saremo felici di conoscerti e di esserne partecipi e di aiutarti se ti sentirai in difficoltà!

Per entrare in contatto con noi e poter vedere alcuni video gratuiti delle lezioni vai sul sito www.studiosilberheer.it.

RIEPILOGO DEL CAPITOLO 5:

- SEGRETO n. 1: sfida la tua mente, metti da parte le tue certezze, fai spazio al nuovo, lasciati sorprendere.
- SEGRETO n. 2: crea energia, muoviti, perché se ti senti fiacco e stanco non puoi portare il successo e il benessere che desideri nella tua vita.
- SEGRETO n. 3: scrivi cosa vuoi davvero e mantieniti focalizzato sui tuoi obiettivi, usa solo le affermazioni, tieni alta l'energia e agisci.
- SEGRETO n. 4: mangia in modo da dare al tuo corpo il miglior carburante; fai 5 pasti al giorno e ogni tanto premiati con ciò che più ti piace, limitandone le quantità.
- SEGRETO n. 5: sii grato, guarda tutto ciò che hai e rimani concentrato su ciò che ti fa sentire bene.

Conclusione

Per cogliere le innumerevoli opportunità che la vita ci offre, dobbiamo essere lucidi, stare sempre di più in uno stato emotivo energico in modo che diventi un'abitudine. Essere dinamici, sorridenti e attenti al momento presente ci farà attirare naturalmente quello che ci somiglia e ci permetterà di goderne. Inoltre, la capacità di percepire si alza e possiamo anticipare.

Anticipando, possiamo agire e non reagire, facendo davvero la differenza. Quando reagiamo, non permettiamo di cogliere quanto di buono e nuovo ci sia in un problema, ci carichiamo di tensioni, di rabbia, siamo continuamente in uno stato difensivo, che certo ci rallenta dall'arrivare dove il cuore e la nostra essenza vorrebbero portarci.

Per prima cosa, facciamo chiarezza su cosa desideriamo realmente e mettiamoci in azione per ottenerlo. Prendi carta e penna e scrivi quello che ti piacerebbe – attenzione, non quello che non vorresti – usando solo le affermazioni. Facendolo ti attiverai per individuare meglio quali sono le tue priorità e il cervello si focalizzerà spontaneamente per portarvi l'attenzione e attirarti verso quella meta.

Credi che sia troppo semplice per essere vero? Ti è mai capitato di voler fare qualche corso e improvvisamente vederlo su tutti i cartelloni, nelle pubblicità, sui giornali? Questo accade perché la mente fa una selezione naturale di ciò che è importante per noi. Adesso scrivi e divertiti. Poi prendi la bici, fai una camminata, alzati mezz'ora prima per iniziare la giornata risvegliando il corpo, risveglia ogni cellula e assicurati di affrontare la giornata con il piede giusto e con la giusta energia!

Se ti piace ballare, metti una musica e fallo, puoi scegliere di iniziare la tua giornata così, solo per 10 minuti, non puoi dire di non trovare il tempo. Se hai dolori alla schiena, al collo, alle ginocchia o hai qualche patologia, ogni mattina dedica 10 minuti agli esercizi che ti ho spiegato; falli sempre tutti i giorni e sentirai come cambierete tu e la tua vita. La depressione si alimenta di uno stato d'animo basso, il modo di vivere di oggi implica l'eccessivo uso della mente e troppo poco del corpo e questo ne facilita l'insorgere.

Allora mettitelo in testa, la miglior medicina per la depressione è il movimento. Fallo immerso nella natura e ti sentirai pieno di forza e vitalità. Non possiamo morire da vivi, abbiamo il dovere di vivere al massimo, non possiamo andare in giro come zombi.

Mi dirai che non è facile in questa era, ma le possibilità le creiamo noi, ricordalo! Rimanere a crogiolarsi lamentandosi del poco tempo, poco denaro, non ti farà progredire.

Sì, forse ci si soffermerà in uno stato di confort, ma a caro prezzo: quello dell'infelicità, dell'insoddisfazione e della noia. Scegli ora di cambiare, non domani, ma oggi, adesso! Senti quanto coraggio hai, quanta determinazione, quanta volontà di portare la tua vita a un'avventura straordinaria. Eleva il tuo standard. Scegli e fallo ora! Respira e sorridi!

Ringraziamenti

Scrivere un libro è il sogno di molti, anch'io l'ho sempre desiderato ed ho sempre saputo che lo avrei fatto, ma sappiamo bene che volere è diverso da fare. Credo di avere avuto la forza di mettermi all'azione grazie al forte impulso di voler aiutare quante più persone possibile con la mia esperienza e gli studi fatti. Ma i vari supporti ricevuti sono stati incisivi nella sua realizzazione.

Il primo grazie va alla mia famiglia per tutto ciò che mi ha dato e che non mi ha dato, perché mi ha reso forte e coraggiosa, capace di credere nelle mie risorse più profonde, radicando in me umiltà e onestà.

Ringrazio il mio compagno di credere in me ogni volta che mi metto in testa di buttarmi in qualcosa di nuovo e lo ringrazio ancora di più di mettere sempre in luce gli ostacoli e le difficoltà che ciò comporterebbe, perché dà voce alle mie paure più nascoste e, in questo modo, mi permette di ascoltarle, vederle, elaborarle e archiviarle.

Grazie a Bruno Editore che mi ha guidato e ha creduto in questo progetto e mi ha fatto sembrare facile quello che in realtà non lo è stato, ma che altrimenti non avrei mai iniziato.

Ringrazio tutti i miei clienti, perché il sapere senza pratica non ha alcun valore e so bene che, grazie alla fiducia di tutti loro, ho avuto l'opportunità giorno dopo giorno di crescere, imparare, capire, ascoltare, mettere in pratica e consolidare le tecniche e le mie intuizioni.

Ringrazio fortemente il mio gruppo di lavoro, che continua a crescere insieme a me e che ogni giorno mi regala sorrisi, complicità e mi insegna la grande bellezza di essere una squadra.

Ringrazio anche me per la devozione, la cura e l'amore che metto ogni giorno nel mio lavoro e per quella parte che mi sprona a migliorarmi sempre.

Ringrazio i miei amici, sempre pronti a sostenermi nelle intemperie e a gasarsi per ogni mio traguardo raggiunto, facendomi condividere con loro le mie gioie.

Dedico questo libro alle mie nipoti quindicenni, Giorgia ed Elisa, due appassionate ballerine nuotatrici, e le ringrazio per la loro stima e la loro voglia di interagire e di continuare in futuro quello che fa la zia.

www.ingramcontent.com/pod-product-compliance
Lightning Source LLC
Chambersburg PA
CBHW050910160426
43194CB00011B/2353